检验检测机构和实验室方法控制培训教程

北京国实检测技术研究院
来实（北京）检验检测科学技术研究院 编著

北京科学技术出版社

图书在版编目（CIP）数据

检验检测机构和实验室方法控制培训教程 / 北京国实检测技术研究院，来实（北京）检验检测科学技术研究院编著. -- 北京 ：北京科学技术出版社，2024. -- ISBN 978-7-5714-4319-1

Ⅰ. F279. 23

中国国家版本馆 CIP 数据核字第 2024FV8952 号

责任编辑：万　峰
责任校对：贾　荣
装帧设计：小　盼　美宸佳印
责任印制：吕　越
出 版 人：曾庆宇
出版发行：北京科学技术出版社
社　　址：北京西直门南大街 16 号
邮政编码：100035
电　　话：0086 - 10 - 66135495（总编室）　0086 - 10 - 66113227（发行部）
网　　址：www. bkydw. cn
印　　刷：河北环京美印刷有限公司
开　　本：787 mm × 1092 mm　1/16
字　　数：230 千字
印　　张：11
版　　次：2024 年 12 月第 1 版
印　　次：2024 年 12 月第 1 次印刷
ISBN 978-7-5714-4319-1

定　价：68. 00 元

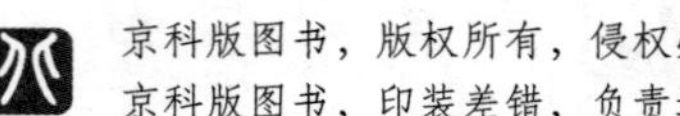

编　委　会

前　言

在科学技术日新月异的当下，检验检测机构和实验室在确保产品质量、保障公共安全、推动科学研究等方面发挥着至关重要的作用。精准、可靠的检测结果不仅是产品质量的有力保障，更是推动科技创新、维护公共安全的坚实基础。检验检测/校准方法的准确性、可靠性和有效性及科学控制，是实现高质量检验检测/校准的核心。为了满足检验检测机构和实验室对检验检测/校准方法进行有效管理和控制的需求，提高检验检测/校准工作的质量和水平，提升检验检测机构和实验室的管理能力和技术水平，北京国实检测技术研究院和来实（北京）检验检测科学技术研究院组织专家精心编写了这本《检验检测机构和实验室方法控制培训教程》。

本书参考了国内外方法验证、确认和偏离控制文献及标准，根据《检验检测机构资质认定评审准则》和《检测和校准实验室能力认可准则》及相关文件的要求并结合工作实际，从检测方法的选择、确认到验证，从方法开发、偏离到不确定度评定，对每一个环节都进行了深入细致的讲解，通过操作案例，指导检验检测机构和实验室检验检测/校准方法控制工作更规范化、科学化，确保检测结果的准确和可靠。我们相信，本书将成为检验检测机构和实验室工作人员的重要参考资料，为提升我国检验检测/校准行业的整体水平贡献一份力量。

编写过程中，难免存在不足，恳请读者指正。

编　者

2024 年 8 月

目　录

第一章　概　述

本章目标：了解国内外标准化发展历史和标准化在生产发展、科技进步和提高产品质量中发挥的重要作用。

第一节　标准化发展简介

从原始时代开始，人类在与自然的生存搏斗中，为了满足交流感情和传达信息的需要，逐步出现了原始的语言、符号、记号、象形文字和数字，这种无意识的标准化行为，形成了人类最早的标准化。在第一次人类社会的农业和畜牧业分工中，物资交换要树立公平、等价的原则，这就要求度、量、衡单位和器具的标准统一，所以衡量物从人体的特定部位或自然物过渡到标准化的器物。当人类社会第二次产业大分工（即农业和手工业分工）时，为了提高生产率，工具和技术的规范化成了迫切要求，于是出现了生产设计规范和制造工艺要求。如在造车过程中，用规校准轮子的圆周；用平整的圆盘基面检验轮子的平直性；用垂线校验幅条的直线性；用水的浮力观察轮子的平衡，同时对用材、轴的坚固和灵活性、结构的坚固和适用性等都作出了规定，这些与现代的科学车辆质量标准相通。秦统一中国后，以政令的方式对度量衡、文字、货币、道路、兵器进行了大规模的标准化，如《工律》《金布律》《田律》规定“与器同物者，其大小长短必等”，集古代工业标准化之大成。北宋毕昇发明的活字印刷术，运用了标准件、互换性、分解组合、重复利用等标准化原则，更是古代标准化的里程碑。在工程建设上，如我国宋代李诫的《营造法式》对建筑材料和结构作出了规定。

目前，人们已进入以机器生产、社会化大生产为基础的近代标准化阶段。科学技术适应工业发展的过程，为标准化提供了大量生产实践经验，也为之提供了系统实验手段，摆脱了凭直观和零散的形式对现象表述和经验总结的阶段，从而使标准化活动进入了以实验数据为依据的定量阶段，并开始通过民主协商的方式，在更广阔的领域推行工业标准化体系，从而提高生产率。

近代标准化典型事件如下。

1789 年，美国人艾利·惠特尼在武器工业中用互换性原理批量制备零部件，并制定了相应的公差与配合标准。

1841 年，英国人约瑟夫·惠特沃思（Joseph Whitworth）提出了世界上第一份螺纹国家标准（BS84，惠氏螺纹，B. S. W 和 B. S. F），从而奠定了螺纹标准的技术体系。

1865 年，法国、德国、俄国等 20 个国家在巴黎召开会议，成立了“国际电报联盟”，1932 年，该组织更名为“国际电信联盟（ITU）”。

1901 年，英国工程标准委员会正式成立。英国工程标准委员会的成立标志着人类的标准化活动进入了一个新的发展阶段，它是世界上第一个全国性标准化机构。该组织于 1931 年正式定名为英国标准学会（British Standards Institution，BSI）。

1906 年，国际电工委员会（IEC）成立。

1911 年，美国人泰勒的《科学管理原理》出版，应用标准化方法制定“标准时间”和“作业”规范，创立了科学管理理论，从而在生产过程中实现了标准化管理，提高了生产率。

1914 年，美国福特汽车公司运用标准化原理把生产过程的时空统一起来，创造了连续生产流水线。

荷兰（1916 年）、菲律宾（1916 年）、德国（1917 年）、美国（1918 年）、瑞士（1918 年）、法国（1918 年）、瑞典（1919 年）、比利时（1919 年）、奥地利（1920 年）、日本（1921 年）等成立了国家标准化组织。1926 年，国家标准化协会国际联合会（ISA）成立，标准化活动由企业行为步入国家管理行列，进而成为全球的事业，活动范围从机电行业扩展到各行各业。标准化已扩散到全球经济的各个领域，由保障互换性的手段发展为保障合理配置资源、降低贸易壁垒和提高生产力的重要手段。

1927 年，美国总统胡佛提出了“标准化对工业化极端重要”的论断。

1946 年，国际标准化组织（ISO）正式成立。ISO 的标准化工作涉及除电子电器工程以外的所有领域。

现在，世界上已有 100 多个国家成立了自己的国家标准化组织。

近年来，随着全球经济一体化进程的加快，各国越来越重视标准化工作对国际贸易和经济发展的影响和作用。国外标准化工作的发展呈现出以下几个特点。

（1）将国际标准化战略放在整个标准化战略的突出位置。

①欧洲联盟（以下简称欧盟）提出，扩大 ISO 的参加国数量，统一国际标准提案，在国际标准化活动中确立欧洲的地位，加强欧洲产业在世界市场的竞争力。

②美国拟在各个主要技术领域承担 ISO、IEC 的秘书处工作，努力制定反映美国技术的国际标准。PAI、美国材料实验协会（ASTM）等标准化组织都提出了国际化的发展战略。

③日本就国际标准化活动提出了 20 项战略措施，包括提出国际标准的对策、提出国际标准提案、培养国际标准化专家等。

（2）将信息技术、健康、安全、环保等作为标准化的重点领域，更加关心消费者、老年人、残疾人的标准要求。

（3）强调科技开发政策和标准化政策的协调统一，鼓励科研人员参加标准化研究活动。

美国将科研人员参与标准化活动和参与标准制定作为其业绩考核的指标之一；日本强调要把研究开发政策和标准化政策作为科技创新的两个“轮子”。

（4）提出采用事实上的标准和论坛标准及合作体标准大战略。

最近，国际标准变化的特点是论坛标准活动非常活跃。所谓论坛是为了实现特定技术领域的标准化而自愿形成的组织，如石油工业领域中的国际石油工程师协会（SPE）、HSH 论坛等。而合作体是特定方式的企业联合，如世界三大汽车制造商协会联合制定的汽车燃油标准等。

第二节 我国标准化的发展历程

1949 年以来，我国非常重视标准化事业的建设和发展。

1949 年 10 月，中央技术管理局成立，内设标准化规格处。

1950 年，重工业部召开了首届全国钢铁标准化工作会议。

1955 年，中国共产党中央委员会制定的《中华人民共和国发展国民经济的第一个五年计划》提出，设立国家管理技术标准的机关；中央各有关部门应该在它们的业务范围内规定产品的标准，并逐步地过渡到国家标准；统一全国度量衡，建立量具和计器定期校正制度和统一的产品检验制度。

1957 年，国家技术委员会内设标准局，开始对全国的标准化工作实行统一领导。同年加入国际电工委员会（IEC）。

1958 年，国家技术委员会颁布第 1 号国家标准（GB 1—58）《标准格式与幅面尺寸（草案）》。

1962 年，国务院发布我国第一个标准化管理法规——《工农业产品和工程建设技术标准管理办法》。

1963 年 4 月，第一次全国标准化工作会议召开，编制了《1963—1972 年标准化发展规划》。同年 9 月，国家科委标准化综合研究所经国家科学技术委员会批准成立。1963 年 10 月，经文化部批准成立技术标准出版社。

1966 年，我国已颁布国家标准 1000 多项。“文化大革命”期间，标准化事业同其他事业一样遭到破坏，1966—1976 年，我国仅颁布 400 项国家标准。

1978 年 4 月，国务院成立了国家标准总局，以加强标准化工作的管理。同年 8 月，中国重新加入国际标准化组织（ISO）。

1979 年，第二次全国标准化工作会议召开，提出了“加强管理、切实整顿、打好基础、积极发展”的方针。1979 年 7 月，国务院颁布《中华人民共和国标准化管理条例》，规定我国标准分为国家标准、部（专业）标准和企业标准三级，体现了为“四化”积极服务的指导思想。

1988 年 7 月 19 日，国务院为了加强政府对技术、经济监督职能，决定在原国家标准局、国家计量局和国家经济委员会质量局的基础上，组建国家监督局。1998 年，国家监督局改名为国家质量技术监督局，直属于国务院领导，统一管理全国标准化、计量和质量工作。

1988 年 12 月，《中华人民共和国标准化法》颁布实施，规定我国标准体系分为国家标准、行业标准、地方标准和企业标准四级，强制性和推荐性两类。

2015 年，国务院印发《深化标准化工作改革方案》，拉开了中国标准化改革的大幕。2017 年 11 月，第十二届全国人民代表大会常务委员会第三十次会议通过新修订的《中华人民共和国标准化法》（以下简称《标准化法》），建立政府主导制定的标准与市场自主制定的标准协同发展、协同配套的新型标准体系，健全统一协调、运行高效，政府与市场共治的标准化管理体制，形成政府引导、市场驱动、社会参与、协同推进的标准化工作格局，以国家标准为主，行业标准、地方标准衔接配套的标准体系基本形成。标准的覆盖从传统的工农业产品、工程建设向高新技术、信息产业、环境保护、职业卫生、安全与服务等领域扩展，同时在农业标准化、信息技术标准化 、能源标准化、企业标准化和消灭无标生产等工作方面都取得了较好进展。为适应经济全球化的需要，把采用国际标准和国外先进标准作为我国重要的技术政策，一些重要产品已按国际标准和国外先进标准组织生产。标准化工作已对提高我国产品质量、工程质量和服务质量，规范市场秩序，发展对外贸易，促进国民经济持续快速健康发展发挥了重要保证和技术支持作用。

纵观标准化改革发展历程，我国标准化工作实现了三次历史性转变。

第一次是标准由政府一元供给向政府与市场二元供给转变，改变了过去政府制定什么标准企业就执行什么标准的局面。新修订的《标准化法》更加突出了市场主体在标准化工作中的作用，确立了团体标准的法律地位，更好地满足了市场对标准的需要。

第二次是标准由工业领域向第一、二、三产业和社会事业全面拓展。目前，我国的标准体系实现了农业、工业、服务业和社会事业各领域的全覆盖，服务领域标准占比正在不断提升。

第三次是在国际标准方面，由单一采用向采用与制定并重转变。一方面，我国积极采用国际标准，努力做到能采即采，截至目前，国家标准采用国际标准的数量超过了 1 万项；另一方面，我国也积极向 IEC、ISO 提交国际标准的提案，提案数量的年度增长率已经超过20%，成为提交国际标准提案最活跃的国家之一。

我国加入世界贸易组织（WTO）后，各行业正积极走出国门，进入国际市场，进入国际市场首要的问题就是遵循国际规则，采用国际标准。WTO是当今规范国际经贸规则的全球多边组织，其宗旨是在国际贸易中，通过成员国的互惠互利安排，切实降低关税和其他贸易壁垒，消除歧视性待遇，促进国际贸易和经济的发展。建立和完善国际贸易规则离不开技术标准。在WTO框架内，由于关税减让机制的逐步完善，国际贸易的关税壁垒作用正在减弱，而技术法规、技术标准、合格评定程序等非关税技术性壁垒的作用正在日益凸显。因此，WTO十分重视技术法规和技术标准对全球贸易的作用和影响。WTO在“技术性贸易壁垒协定”（即WTO/TBT协定）和“实施动植物卫生措施协定”（即WTO/SPS协定）中对采用国际标准的问题作了明确的规定。

第二章　方法的分类和选择

本章目标：了解国内外标准的分类，掌握标准方法和非标准方法的区别；掌握方法选择的原则，了解过期标准使用要求；掌握作业指导书的编制原则。

第一节　方法的分类

标准（standard）为在一定范围内获得最佳秩序，经协商一致制定并由公认机构批准，共同使用和重复使用的一种规范性文件。标准宜以科学、技术和经验的综合成果为基础，以促进最佳的共同效益为目的。

检验检测机构和实验室活动方法包括标准方法和非标准方法（包括检验检测机构和实验室自己开发的方法）。

标准方法是指得到国际、区域 、国家或行业认可的，由相应标准化组织批准发布的标准。标准方法的特征有：

（1）本质属性是一种“统一规定”。

（2）适用对象是重复性检验检测机构和实验室活动。

（3）标准产生的客观基础是“科学、技术和实践经验的综合成果”。

（4）制定标准过程要“经有关方面协商一致”。

（5）标准文件有其特定格式和制定颁布的程序。

标准方法包括国际标准、区域标准、国家标准、行业标准和团体标准。

非标准方法是指未经相应标准化组织批准的文件化的技术操作方法。如权威技术组织和有关科技文献或期刊公布的方法，国务院行业部门以文件或技术规范等形式发布的方法，检验检测机构和实验室自己开发的方法，超出其预定范围使用的标准方法，扩充和修改过的标准方法，设备制造商规定的方法等。

一、国际标准

国际标准是指国际标准化组织（ISO）、国际电工委员会（IEC）和国际电信联盟

（ITU）制定的标准，以及国际标准化组织确认并公布的其他国际组织制定的标准。国际标准在世界范围内统一使用，是世界各国进行贸易的基本准则和基本要求。

国际标准化组织确认并公布的其他国际组织见表 2.1。

表 2.1　国际标准化组织确认并公布的其他国际组织

序号	代号	组织
1	BIPM	国际计量局
2	BISFN	国际人造纤维标准化局
3	CAC	食品法典委员会
4	CCSDS	时空系统咨询委员会
5	CIB	国际建筑研究实验与文献委员会
6	CIE	国际照明委员会
7	CIMAC	国际内燃机会议
8	FDI	国际牙科联合会
9	FID	国际信息与文献联合会
10	IAEA	国际原子能机构
11	IATA	国际航空运输协会
12	ICAO	国际民航组织
13	ICC	国际谷类加工食品科学技术协会
14	ICID	国际排灌研究委员会
15	ICRP	国际辐射防护委员会
16	ICRU	国际辐射单位和测试委员会
17	IDF	国际制酪业联合会
18	IETF	万维网工程特别工作组
19	IFLA	国际图书馆协会与学会联合会
20	IFOAM	国际有机农业运动联合会
21	IGU	国际煤气工业联合会
22	IIR	国际制冷学会
23	ILO	国际劳工组织
24	IMO	国际海底组织
25	ISTA	国际种子检验协会
26	IUPAC	国际理论与应用化学联合会
27	IWTO	国际毛纺组织
28	OIE	国际动物流行病学局
29	OIML	国际法制计量组织
30	OIV	国际葡萄与葡萄酒局

续表

序号	代号	机构
31	RILEM	材料与结构研究实验所国际联合会
32	TraFIX	贸易信息交流促进委员会
33	UIC	国际铁路联盟
34	UN/CEFACT	经营、交易和运输程序和实施促进中心
35	UNESCO	联合国教科文组织
36	WCO	国际海关组织
37	WHO	国际卫生组织
38	WIPO	世界知识产权组织
39	WMO	世界气象组织

二、区域标准

区域标准由国际区域标准化组织发布，如欧洲标准化委员会（CEN）等。常见的国际区域标准代号、含义和负责的组织见表2.2。区域标准是该区域国家集团间进行贸易的基本准则和基本要求。

表2.2 常见的国际区域标准代号、含义和负责的组织

序号	代号	含义	负责的组织
1	EN	欧洲标准	欧洲标准化委员会（CEN）
2	ETS	欧洲电信标准	欧洲电信标准学会（ETSI）
3	EC	欧盟法规	欧盟委员会
4	ARS	非洲地区标准	非洲地区标准化组织（ARSO）
5	PAS	泛美标准	泛美技术标准委员会（COPANT）
6	ASMO	阿拉伯标准	阿拉伯标准化与计量组织（ASMO）

三、国外先进标准

国外先进标准是国际上有权威的区域性标准、世界主要经济发达国家的国家标准和通行的团体标准，以及其他国外先进标准。部分国外先进标准的代号及含义见表2.3。

有权威的区域性标准是指如欧洲标准化委员会（CEN）、欧洲电工标准化委员会（CENELEC）、经互会标准化常设委员会（ЛКС СЗВ）等区域性标准化组织制定的标准。世界主要经济发达国家的国家标准有美国国家标准（ANSI）、德国国家标准（DIN）、英国国家标准（BSI）、日本工业标准（JIS）、法国国家标准（NF）、苏联国家标准（GOCT）等。通行的团体标准较多，比较有名的有美国材料与试验协会标准（ASTM）、美国军用标准（MIL）、英国劳氏船级社船舶入级规范（LR）等。此外，还有其他国外先进标准，如瑞士的手表材料国家标准、瑞典的轴承钢国家标准、比利时的钻石国家标准等，以及国际公认的先进企业标准。

表 2.3　部分国外先进标准代号及含义

代号	含义	代号	含义
ANSI	美国国家标准	ASTM	美国材料与试验协会标准
DIN	德国国家标准	LR	英国劳氏船级社船舶入级规范
BSI	英国国家标准	AIA	美国航天工业协会
JIS	日本工业标准	IEEE	美国电气与电子工程师协会
NF	法国国家标准	AM	美国信息及图像管理协会
GOCT	苏联国家标准	API	美国石油学会
BIS	印度标准	ASA	美国声学协会
CSA	加拿大标准协会	ASME	美国机械工程师协会
TIS	泰国标准	AA	美国铝协会标准
ICAO	国际民航组织	SAE	美国动力机械工程师协会
AS	澳大利亚标准	NEMA	美国全国电气制造商协会标准
SNV	瑞士国家标准	AATCC	美国纺织化学师与印染师协会
SIS	瑞典国家标准	SAE	美国动力机械工程师协会
UNI	意大利国家标准	AOAC	美国官方分析化学师协会
ACI	美国混凝土学会	ABMA	美国轴承制造商协会
AWS	美国焊接协会	ASQC	美国质量管理协会

国外先进标准反映了国外当前的先进技术水平。积极采用国际标准和国外先进标准是我国的一项重要技术和经济政策，是技术引进的重要组成部分。这对促进技术进步、提高产品质量和社会经济效益、扩大对外贸易、提高标准化水平具有重要作用。

四、国内标准

国内标准是由国内标准化组织或机构发布的标准。目前，我国标准分为国家标准、行业标准、地方标准、团体标准和企业标准。国家标准分为强制性标准和推荐性标准；行业标准、地方标准是推荐性标准。强制性标准必须执行。国家鼓励采用推荐性标准。

（一）国家标准

国家标准由国家标准化管理委员会编制计划、审批、编号、发布。在 1994 年及之前发布的标准，用2位数字代表年份。自1995年开始发布的标准，标准编号后的年份改用4个数字代表。国家标准在全国范围内适用，其他各级标准不得与国家标准相抵触。

国家标准的代号由大写汉语拼音字母构成。强制性国家标准代号为“GB”，推荐性国家标准的代号为“GB/T”，国家标准样品的代号为“GBS”。指导性技术文件的代号为“GB/Z”。“GB”即“国标”的汉语拼音缩写，T是推荐的意思，Z是指导的意思。

我国《标准化法》规定：对保障人身健康和生命财产安全、国家安全、生态环境安全以及满足经济社会管理基本需要的技术要求，应当制定强制性国家标准。如药品标准、食品卫生标准等。强制性标准在一定范围内通过法律、行政法规等强制性手段加以实施，具有法律属性。国务院有关行政主管部门依据职责负责强制性国家标准的项目提出、组织起草、征求意见和技术审查。强制性国家标准由国务院批准发布或者授权批准发布。2017年修订发布的《标准化法》规定，不符合强制性标准的产品、服务，不得生产、销售、进口或者提供。

强制性标准可分为全文强制和条文强制两种形式：

——标准的全部技术内容须要强制时，为全文强制形式。

——标准中部分技术内容须要强制时，为条文强制形式。

推荐性国家标准是对满足基础通用、与强制性国家标准配套、对各有关行业起引领作用等需要的技术要求。推荐性国家标准是指生产、检验、使用等方面，通过经济手段或市场调节而自愿采用的国家标准。但推荐性国家标准一经接受并采用，或各方商定同意纳入经济合同，就成为各方必须共同遵守的技术依据，具有法律上的约束性。

（二）行业标准

行业标准是指没有推荐性国家标准，需要在全国某个行业范围统一的技术要求。行业标准为推荐性标准，由国务院有关行政主管部门制定，报国务院标准化行政主管部门备案。

各个行业的行业标准代号都有所不同，如通信行业的行业标准代号为YD，电子行业的行业标准代号为SJ。行业标准代码具体见表2.4。

表2.4　行业标准代码

代号	含义	代号	含义
AQ	安全行标	JY	教育行业标准
BB	包装行业标准	LB	旅游行业标准
CB	船舶行业标准	LD	劳动和劳动安全行业标准
CECS	工程建设推荐性标准	LS	粮食行业标准

续表

代号	含义	代号	含义
CH	测绘行业标准	LY	林业行业标准
CJ	城镇建设行业标准	MH	民用航空行业标准
CJJ	城镇建设行业工程建设规程	MT	煤炭行业标准
CY	新闻出版行业标准	MZ	民政行业标准
DA	档案行业标准	NB	能源行业标准
DB	地震行业标准	NY	农业行业标准
DL	电力行业标准	QB	轻工业行业标准
DZ	地质矿产行业标准	QC	汽车行业标准
EJ	核工业行业标准	QJ	航天行业标准
FZ	纺织行业标准	QX	气象行业标准
GA	公安行业标准	SB	商业行业标准
GH	供销合作行业标准	SC	水产行业标准
GY	广播电影电视行业标准	SH	石油化工行业标准
HB	航空行业标准	SJ	电子行业标准
HG	化工行业标准	SL	水利行业标准
HGJ	化工行业工程建设规程	SN	商品检验行业标准
HJ	环保行业标准	SY	石油行业标准
HS	海关行业标准	TB	铁道行业标准
HY	海洋行业标准	TD	土地行业标准
JB	机械行业标准	TY	体育行业标准
JC	建材行业标准	WB	物资管理行业标准
JG	建筑行业标准	WH	文化行业标准
JGJ	建筑行业工程建设规程	WJ	兵工民品行业标准
JR	金融行业标准	WM	外贸行业标准
JT	交通行业标准	WS	卫生行业标准
WW	文物保护行业标准	YB	黑色冶金行业标准
XB	稀土行业标准	YC	烟草行业标准
YD	通信行业标准	YY	医药行业标准
YS	有色冶金行业标准	YZ	邮政行业标准
ZY	中医药行业标准	ZC	知识产权标准

（三）地方标准

《中华人民共和国标准化法》第十三条规定：为满足地方自然条件、风俗习惯等特殊技术要求，可以制定地方标准。地方标准由省、自治区、直辖市人民政府标准化行政主管部门制定；设区的市级人民政府标准化行政主管部门根据本行政区域的特殊需要，经所在地省、自治区、直辖市人民政府标准化行政主管部门批准，可以制定本行政区域的地方标准。地方标准由省、自治区、直辖市人民政府标准化行政主管部门报国务院标准化行政主管部门备案，由国务院标准化行政主管部门通报国务院有关行政主管部门。地方标准为推荐性标准，在本行政区域内适用。地方标准的技术要求不得低于强制性国家标准的相关技术要求，并做到与相关标准间的协调配套。地方标准代号为“DB/T”加上省、自治区、直辖市的行政区划代码，“T”代表推荐性标准。例如：江苏省地方标准：DB32/T；河南省地方标准：DB41/T；山东省地方标准：DB37/T，福建推荐性地方标准的代号为 DB35/T。

（四）团体标准

新修订的《标准化法》首次将团体标准纳入法律体系。团体标准是由社会团体按照自行确立的标准制定程序制定发布，供团体成员或相关社会组织自愿采用的标准。团体标准的制定主体是学会、协会、商会、联合会、产业技术联盟等依照《社会团体登记管理条例》等规定成立并在民政部登记的社会团体。没有按照《社会团体登记管理条例》登记的社会组织，不能发布团体标准，包括慈善组织、基金会等。《标准化法》第十八条规定：国家鼓励学会、协会、商会、联合会、产业技术联盟等社会团体协调相关市场主体共同制定满足市场和创新需要的团体标准，由本团体成员约定采用或者按照本团体的规定供社会自愿采用。《标准化法》第二十一条规定：团体标准的技术要求不得低于强制性国家标准的相关技术要求，国家鼓励社会团体制定高于推荐性标准相关技术要求的团体标准。

团体标准号依次由团体标准代号（T）、社会团体代号、团体标准顺序号和年代号组成。团体标准编号中的社会团体代号应合法且唯一，不应与现有标准代号重复，且不应与全国团体标准信息平台上已有的社会团体代号相重复。比如中国标准化协会发布的《家用电冰箱智能水平评价技术规范》（T/CAS 287—2017），中国家用电器协会发布的《智能家电云云互联互通标准》（T/CHEAA 0001—2017）。

（五）企业标准

企业可以根据需要自行制定企业标准，或者与其他企业联合制定企业标准。企业生产的产品没有国家标准和行业标准的，应当制定企业标准，作为组织生产的依据，并报有关部门备案。法律对标准的制定另有规定的，依照法律的规定执行。企业标准由企业制定，由企业法人代表或法人代表授权的主管领导批准、发布。企业标准一般以“Q”作为开头，如 Q/SH 为中石化企业标准，Q/SY 为中石油企业标准。企业标准的技术要求必须高于国家标准和行业标准的技术要求，技术要求低于国家标准和行业标准的企业标准为无效标准。可以这样认为：国家标准、行业标准、企业标准可以同时存在，但企业标准的技术要求应优于（高于）行业标准的技术要求，行业标准的技术要求又优于（高于）国家标准的技术要求。

（六）知名技术组织和有关科技文献或期刊中公布的方法、国务院行业部门以文件和技术规范等形式发布的方法，经过验证即可使用，无须进行方法确认

如中国环境科学出版社出版的《水和废水监测分析方法（第四版）》、中国医药科技出版社出版的《中华人民共和国药典（2020 年版）》规定的方法。应注意的是，知名技术组织或有关科技文献或期刊中公布的方法、设备制造商规定的方法必须满足以下条件：有基本的方法性能指标研究结果，能溯源至国家计量标准，有证标准样品（CRM）或参加过能力验证计划，通过与标准方法进行比对验证等方式证明其满足相关检测或校准技术要求。

第二节　方法的选择

方法是检验检测机构和实验室开展检测或校准的依据。为了保证实验室所得到的检验检测/校准结果具有可重复性、可复现性及可比性，方法的选择至关重要。

一、CNAS-CL01：2018《检测和校准实验室能力认可准则》7.2.1 关于方法的选择和验证的规定

7.2.1.1　实验室应使用适当的方法和程序开展所有实验室活动，适当时，包括测量不确定度的评定以及使用统计技术进行数据分析。

7.2.1.2　所有方法、程序和支持文件，例如与实验室活动相关的指导书、标准、手册和参考数据，应保持现行有效并易于人员取阅。

7.2.1.3　实验室应确保使用最新有效版本的方法，除非不合适或不可能做到。必要时，应补充方法使用的细则以确保应用的一致性。

注：如果国际、区域或国家标准，或其他公认的规范文本包含了实施实验室活动充分且简明的信息，并便于实验室操作人员使用时，则不需再进行补充或改写为内部程序。对方法中的可选择步骤，可能有必要制定补充文件或细则。

7.2.1.4　当客户未指定所用的方法时，实验室应选择适当的方法并通知客户。推荐使用以国际标准、区域标准或国家标准发布的方法，或由知名技术组织或有关科技文献或期刊中公布的方法，或设备制造商规定的方法。实验室制定或修改的方法也可使用。

【解读1】方法选择的原则。

（1）检验检测/校准方法包括标准方法和非标准方法。非标准方法包含检验检测机构和实验室自制方法和标准文本。现场文件可以是电子版，也可以是纸质版。

（2）检验检测机构和实验室应针对检验检测/校准项目，选择适当的检验检测/校准方法，优先选择适当的国际标准、区域标准、国家标准发布的方法以及行业标准或国家部委发布的技术规范等标准方法，或由知名技术组织或有关科技书籍或期刊中公布的方法，或设备制造商规定的方法，也可使用实验室开发或修改的方法。选择方法时要关注方法中提供的限制说明、浓度范围和样品基体，确保选择的检测方法能够给出可靠的结果并满足客户的要求。

（3）当客户指定方法时，其指定的方法是首选。客户指定的方法不适合或是过期的，检验检测机构和实验室应通知客户，如果客户坚持使用不适合或已过期的方法，检验检测机构和实验室应在委托合同和结果报告中予以说明。

（4）当确认没有现行有效的适用版本的检验检测/校准方法时，可选用非标准方法或检验检测机构和实验室自制方法。检验检测机构和实验室在使用非标准方法前应进行确认，以确保该方法满足预期用途或应用领域的需要，并提供相关证明材料。当修改已确认过的方法时，应确定这些修改的影响。当发现影响原有的确认时，应重新进行方法确认，并提供相关的证明材料。

《中华人民共和国民法典》第五百一十一条规定了在质量约定不明确时的标准使用顺序：质量要求不明确的，按照强制性国家标准履行；没有强制性国家标准的，按照推荐性国家标准履行；没有推荐性国家标准的，按照行业标准履行；没有国家标准、行业标准的，按照通常标准或者符合合同目的的特定标准履行。

《检验检测机构资质认定评审准则》第十二条（四）规定：检验检测机构能正确使用有效的方法开展检验检测活动。检验检测方法包括标准方法和非标准方法，应当优先使用标准方法。

综上，方法选择的基本原则为：最新有效、满足客户的要求，并优先选用客户指定的方法。

【解读2】确保使用最新有效的版本的方法。

（1）检验检测机构和实验室应建立标准台账，包括所有使用的现行有效标准及相关的引用标准。

（2）按文件管理程序的要求对使用的标准进行受控管理，保留发放、回收的记录。

（3）定期对标准进行查新，保留查新记录。建议至少在两个权威的标准网站上查新，互相佐证查新结果，确保使用最新、有效的版本。

（4）查新到标准更新时，应关注新标准的实施日期，尽快购买最新、有效的版本，及时发放新标准，回收过期的标准。

（5）就更新的标准进行培训宣传、贯彻，对比新旧标准变化，并应依据变化的内容，重新进行方法验证。

【解读 3】除非不适当或不可能做到时，不允许使用过期的标准。

出现下列特殊情况时，允许使用过期标准：

——客户要求或合同规定的旧版本或作废版本。

例如，客户在订货时签订的合同规定了验收标准，该标准在交货时有更新，按照合同的规定，客户仍可以按照合同约定的标准进行验收。又如，产品按旧标准生产，但在发生质量纠纷时，旧标准已经被新标准替代，质量仲裁时，新标准就不适合检测，应按旧标准进行检测。

——标准中的引用文件作废。

《标准化工作导则 第 1 部分：标准化文件的结构和起草规则》（GB/T 1. 1—2020）8. 6. 2 规定：规范性引用文件清单应由以下导语引出："下列文件中的内容通过文中的规范性引用而构成本文件必不可少的条款。其中，注日期的引用文件，仅该日期对应的版本适用于本文件；不注日期的引用文件，其最新版本（包括所有的修改单）适用于本文件。"因此，当标准中引用了指定版本的文件时，即便该引用文件更新了，也只能使用标准中指定的旧版本。此类情况仅限于特定的产品标准。

——标准出版滞后。在此特殊情况下，如使用旧版标准须征得客户同意，且不能使用 CNAS 标识。

CNAS-EL-12：2018《石油石化检测领域实验室认可能力范围表述说明》5. 2. 1 规定："油田化学剂的产品标准中指定引用的作废标准可以申请实验室认可，但必须在"说明"栏限制为特定具体产品。"表 2. 5 节选自 5. 2. 1 所举的例子。

表 2. 5　作废标准申请示例

序号	检测对象	项目/参数		领域代码	检测标准（方法）名称及编号（含年号）	说明	备注
		序号	名称				
2	压裂用交联剂	1	pH 值	021699	化学试剂 pH 值测定通则 GB/T 9724—1988	仅限压裂用交联剂性能试验 SY/T 6216—1996 使用	作废标准
		2	密度	021699	化工产品密度、相对密度测定通则 GB/T 4472—1984	仅限压裂用交联剂性能试验 SY/T 6216—1996 使用	作废标准

【解读 4】补充方法使用的细则，以确保应用的一致性。

（1）标准多年未修订，其方法在严重滞后时，不能被操作人员直接使用，或其内容不便于理解，检验检测机构或实验室应制定检测实施细则以确保应用的一致性。

（2）通用型检测方法的规定不够清晰或缺少足够的实验条件信息，检测过程描述笼统，则容易出现理解歧义。

（3）不同的人在取样、样品处理、检测的过程中对方法的运用有所不同，可能影响检验检测数据和结果的正确性时，则应制定作业指导书（含附加细则或补充文件），例如标准规定取样过程应避免氧气进入，但未规定如何避免氧气进入，检验检测机构和实验室应根据自身的情况，制定切实可行的作业指导书，避免不同的人使用不同的方式而影响检验检测数据和结果的正确性。

二、《检验检测机构资质认定评审准则》第十二条对方法的选择和验证的规定

第十二条（四）规定："检验检测机构能正确使用有效的方法开展检验检测活动。检验检测方法包括标准方法和非标准方法，应当优先使用标准方法。使用标准方法前应当进行验证；使用非标准方法前，应当先对方法进行确认，再验证。"

【解读1】检验检测机构应使用有效的方法进行检验检测，申报的方法与申报的领域、产品和类别应匹配，如生态环境监测使用公共卫生环境检测的方法等。

检验检测机构应针对检验检测方法定期查新和保留查新记录作出书面形式的规定，并严格执行，以确保所使用的方法正确有效。

【解读2】可申请资质认定的标准和非标准方法包括以下7种。

（1）国家标准、行业标准、地方标准。

（2）国际标准化组织（ISO）、国际电工委员会（IEC）、国际电信联盟（ITU）发布的国际标准以及国际标准化组织确认并公布的其他国际组织制定的标准。

（3）国务院有关部门认可采用的国外标准。

（4）国务院有关部门和省政府有关部门以文件、技术规范等形式发布和指定的检验检测方法。

（5）具有自主创新技术、具备竞争优势的团体标准［参见《国家认监委关于推进检验检测机构资质认定统一实施的通知》（国认实〔2018〕12号）。

（6）国务院有关部门和省级人民政府有关部门指定已废止的标准或方法用于监督检查等特定工作的，以指定的标准或方法为依据申请的项目参数仅能用于该特定工作。

（7）法律、行政法规、规章对新标准或方法实施另有规定的，从其规定。

【解读3】检验检测机构在初次使用标准方法前，应验证能够正确地运用这些标准方法，如果标准方法发生了变更，应重新进行验证，并提供相关证明材料。

（1）检验检测机构使用国务院有关行政部门和省级人民政府有关部门以文件、技术规范等形式发布和指定的检验检测方法申请资质认定的，参照标准方法管理，使用前应进行验证。

（2）检验检测机构使用团体标准申请资质认定的，依据《国家认监委关于推进检验检测机构资质认定统一实施的通知》（国认实〔2018〕12号）的要求，应提供方法验证报告及标准发布团体出具的有关标准技术优势及领先性、创新性的相关说明，以

证明所申请的团体标准具有自主创新技术和竞争优势。

（3）检验检测机构依据国务院有关部门和省级人民政府有关部门指定的已废止的标准或方法用于监督检查等特定工作的，如使用已废止的标准方法对依据旧标准生产的产品实施检验检测，根据《认可检测司关于新旧标准换版保留旧标准检验检测机构资质认定有关问题的复函》（2020 年 3 月 11 日）的精神，以上情形属于《检验检测机构资质认定评审准则》规定之外的特殊合同约定情形。为了便于开展产品质量监督抽查检验检测，满足相关执法监督的需要，检验检测机构被允许在资质认定能力附表中保留或依据监督抽查文件申请扩增旧标准，但以指定的标准或方法为依据申请资质认定的项目和参数仅能用于该特定工作。

（4）检验检测机构申请资质认定的能力范围应包括方法标准、产品标准两部分。产品标准中引用的方法也应单独取得资质认定。

（5）不含检验检测/校准方法的各类产品标准、限值标准可不列入检验检测机构资质认定的能力范围，在出具检验检测报告或者证书时可作为判定依据使用。

（6）企业标准和检验检测机构自制方法不能申请资质认定。

【解读 4】检验检测机构在使用非标准方法前，应先对方法进行确认再验证，以确保该方法满足预期用途或应用领域的需要，并提供相关证明材料。当修改已确认过的方法时，应确定这些修改所产生的影响。当发现这些修改影响原有的确认时，应重新进行方法确认，并提供相关证明材料。

【解读 5】如果标准、技术规范、方法不能被操作人员直接使用，或其规定不够清晰或缺少足够的信息而不便于操作人员理解，或方法中有可选择的步骤，或在方法运用时会因人而异，可能影响检验检测/校准数据和结果正确性时，则应制定作业指导书，包括但不限于设备操作的规程、样品制备的程序、补充的检验检测/校准细则。

第三章　方法验证与确认控制

本章目标：了解方法验证与确认的相关定义和程序，熟悉方法验证与确认的策划和实施方法，掌握方法验证与确认的技术及结果判定方法。

第一节　方法验证与确认的定义及有关概念

一、验证（verification）

提供客观的证据，证明给定项目是否满足规定要求。

注1：适用时，宜考虑测量不确定度。

【解读】如何判断满足规定的要求。满足到什么程度可以判断为可接受。此时应考虑测量不确定度的影响。

注2：项目可以是一个过程、测量程序、物质、化合物或测量系统等。

【解读】对于方法验证，项目是实验室计划开展的检测活动。

注3：满足规定的要求，如制造商的规范。

【解读】对于方法验证，规定要求是检测方法、标准、规范的要求，如标准规定的对人员持证的要求、环境条件的要求、设备允差的要求、测试结果准确度和精密度的要求等。

注4：《国际法制计量术语汇编》（VIML）中定义的验证，以及通常在合格评定中的验证，是指对测量系统的检查并加标记和（或）出具验证证书。在我国的法制计量领域，“验证”也称为“检定”。

【解读】“检定”是对设备性能是否满足检定规程的要求而作出的验证。

注5：验证不宜与校准混淆。不是每个验证都是确认。

注6：在化学中，验证实体身份或活性时，需要描述该实体或活性的结构或特性。

（ISO/IEC 指南 99：2007，定义 2.44）

例1：证实测量取样的质量小至 10 mg 时，对于相关量值和测量程序，给定标准物质的均匀性与其声称的一致。

例 2： 证实已达到测量系统的性能特性或法定要求。

例 3： 证实可满足目标测量不确定度的要求。

二、方法验证（method verification）

实验室通过核查，提供客观有效证据证明满足检测方法规定的要求。

【解读】 检验检测机构和实验室应开展工作，提供客观证据，证明能够正确运用检验检测/校准方法，能保证实现所需的标准方法的性能，满足相关规定的要求。

方法验证通常包括对标准方法的验证和对非标准方法确认后的验证。

经确认满足预期用途或应用领域需要的非标准方法，必要时，也要进行验证。

（GB/T 27417—2017，3.2）

三、确认（validation）

对规定要求是否满足预期用途的验证。

例： 一个通常用于测量水中氮的质量浓度的测量程序，也可被确认为可用于测量人体血清中氮的质量浓度。

（ISO/IEC 指南 99：2007，定义 2.45）

四、方法确认（method validation）

实验室通过试验，提供客观有效证据证明特定检测方法满足预期的用途。

注：方法确认宜建立方法的性能特性和使用的限制条件，并识别影响方法性能的因素及影响程度，确定方法所适用的基质，以及方法的正确度和精密度。

（GB/T 27417—2017，3.1）

五、实验室内方法确认（in-house method validation）

在一个实验室内，在合理的时间间隔内，用一种方法在预定条件下对相同或不同样品进行的分析试验，以证明特定检测方法满足预期的用途。

（GB/T 27417—2017，3.3）

六、实验室间方法确认（interlaboratory method validation ）

在两个或多个实验室之间实施的方法确认。实验室依照预定条件用相同方法对相同样品的测定，以证明特定检测方法满足预期的用途。

（GB/T 27417—2017，3. 4）

七、定性方法 （qualitative method ）

根据物质的化学、生物或物理性质对其进行鉴定的分析方法。

（GB/T 27417—2017，3. 5）

八、定量方法 （quantitative method ）

测定被分析物的质量或质量分数的分析方法，可用适当单位的数值表示。

（GB/T 27417—2017，3. 6）

九、选择性（selectivity）

测量系统按规定的测量程序使用并提供一个或多个被测量的测得的量值时，每个被测量的值与其他被测量或所研究的现象、物体或物质中的其他量无关的特性。

（ISO/IEC 指南 99：2007，定义 4. 13）

十、重复性测量条件 （repeatability condition of measurement ）

相同测量程序、相同操作者、相同测量系统、相同操作条件和相同地点，并在短时间内对同一或相类似的被测对象重复测量的一组测量条件。

（ISO/IEC 指南 99：2007，定义 2. 20）

十一、重复性 （repeatability）

在一组重复性测量条件下获得的测量精密度。

（ISO/IEC 指南 99：2007，定义 2. 21）

十二、再现性测量条件（reproducibility condition of measurement）

又称复现性测量条件。不同地点、不同操作者、不同测量系统，对同一或相类似被测对象重复测量的一组测量条件。

注1：不同的测量系统可采用不同的测量程序。

注2：在给出复现性时应说明改变和未变的条件，以及实际改变到什么程度。

（ISO/IEC 指南99：2007，定义2.24）

十三、再现性（reproducibility）

又称复现性。在再现性测量条件下获得的测量精密度。

（ISO/IEC 指南99：2007，定义2.25）

十四、期间精密度测量条件（intermediate precision condition of measurement）

除了相同测量程序、相同地点，以及在一个较长时间内对同一或相类似的被测对象重复测量的一组测量条件外，还可包括涉及改变的其他条件。

注1：改变可包括新的校准、测量标准器、操作者和测量系统。

注2：对条件的说明应包括改变和未变的条件，以及实际改变到什么程度。

注3：在化学中，术语“序列间精密度测量条件”有时用于指“期间精密度测量条件”。

（JJF 1059.1—2019 3.9）

十五、重复性限（repeatability limit ）

一个数值，在重复性条件下，两个测试结果的绝对差小于或等于此数的概率为95%。

注：重复性限用r来表示。

（GB/T 3358.1—2009）

十六、再现性限（reproducibility limit）

一个数值，在再现性条件下，两个测试结果的绝对差小于或等于此数的概率为95%。

注：再现性限用R来表示。

（GB/T 6379.1—2004）

十七、精密度（precision）

在规定条件下，对同一或类似被测对象重复测量所得示值或测得的量值间的一致程度。

注1：测量精密度通常用不精密程度以数字形式表示，如在规定测量条件下的标准偏差、方差或变异系数。

注2：规定条件可以是重复性测量条件、期间精密度测量条件或复现性测量条件。

注3：测量精密度用于定义测量重复性、期间测量精密度或测量复现性。

注4：术语“测量精密度”不等同于“测量准确度”。

注5：精密度仅仅依赖于随机误差的分布而与真值或规定值无关。

注6：精密度的定量的测量严格依赖于规定的条件，重复性和再现性条件为其中两种极端情况。

（ISO/IEC 指南99：2007，定义2.15）

十八、准确度（accuracy）

被测量的测得的量值与其真值间的一致程度。

注1：概念“测量准确度”不是一个量，也不给出量的数值。当测量给出较小的测量误差时，该测量更准确。

注2：术语“测量准确度”不宜用于表示“测量正确度”，“测量精密度”不宜用于表示“测量准确度”，尽管测量准确度与这两个概念有关。

注3：测量准确度有时被理解为赋予被测量的测得的量值之间的一致程度。

（ISO/IEC 指南99：2007，定义2.13）

十九、正确度（trueness）

无穷多次重复测量所测得的量值的平均值与一个参考量值间的一致程度。

注1：正确度的度量通常用偏倚来表示。

（ISO/IEC 指南99：2007，定义2.14）

二十、偏倚（bias）

系统测量误差的估计值。

注 1：与随机误差相反，偏倚是系统误差的总和。偏倚可能由一个或多个系统误差引起。

（ISO/IEC 指南 99：2007，定义 2.18）

二十一、检出限（limit of detection，LOD）

由给定测量程序获得的测得的量值，其对物质中不存在某种成分的误判概率为 β，对物质中存在某种成分的误判概率为 α。

注 1：国际理论化学和应用化学联合会（IUPAC）推荐 α 和 β 的默认值为 0.05。

注 2：检出限往往分为两种：方法检出限和仪器检出限。

（ISO/IEC 指南 99：2007，定义 4.18）

二十二、定量限（limit of quantification，LOQ）

样品中被测组分能被定量测定的最低浓度或最低量，此时的分析结果应能确保一定的正确度和精密度。

（GB/T 27417—2017，3.14）

二十三、容许限（permitted limit，PL）

对某一定量特性规定和要求的物质限值。

注：如最大残留限、最高允许浓度或其他最大容许量等。

（GB/T 27417—2017，3.9）

二十四、关注浓度水平（level of interest）

对判断样品中物质或分析物是否符合法规规定和要求的有决定性意义的浓度（如容许限浓度）。

（GB/T 27417—2017，3.10）

二十五、线性范围（linearity of calibration）

对于分析方法而言，用线性计算模型来定义仪器响应与浓度的关系，该计算模型的应用范围。

（GB/T 27417—2017，3.12）

二十六、自由度（degrees of freedom）

和的项数减去和中诸项数的约束数。

（GB/T 3358.1—2009，2.54）

二十七、灵敏度（sensitivity）

测量系统的示值变化除以相应被测量的量值变化所得的商。

注1：测量系统的灵敏度可能取决于被测量的量值。

注2：所考虑的被测量的量值变化宜大于测量系统的分辨力。

（ISO/IEC 指南99：2007，定义4.12）

二十八、测量区间（measureing interval）

在规定条件下，由具有一定的仪器的测量不确定度的测量仪器或测量系统能够测量出的一组同类量的量值。

注1：测量区间的下限不宜与“检出限”相混淆。

注2：在某些领域，该术语也称“测量范围”，考虑到化学分析实验室的使用惯例，在本标准中采用“测量范围”。同时，后面的描述也改为“测量范围”。

（ISO/IEC 指南99：2007，定义4.7）

二十九、稳健度（ruggedness）

实验条件变化对分析方法的影响程度。

注：这些条件在方法中规定，或根据规定稍加改动，包括样品种类、基质、保存条件、环境或样品制备条件等。所有在实践中可能影响分析结果的实验条件（例如：试剂稳定性、样品组成、pH、温度等）的任何变化都应当指明。

（GB/T 27417—2017，3.26）

三十、实验标准偏差（experimental standard deviation）

对同一被测量进行 n 次测量，表征测量结果分散性的量。实验标准偏差的估计值用符号 s 表示。

注 1：n 次测量中某单个测得值 x_k 的实验标准偏差 $s(x_k)$ 可按贝塞尔公式计算：

$$s(x_k) = \sqrt{\frac{\sum_{i=1}^{n}(x_i - \bar{x})^2}{n-1}} \tag{3.1}$$

式中：x_i——第 i 次测量的测得值；

$\bar{x}$——n 次测量所得一组测得值的算术平均值；

n——测量次数。

注 2：n 次测量的算术平均值 $\bar{x}$ 的实验标准偏差 $s(\bar{x})$

$$s(\bar{x}) = s(x_k)/\sqrt{n} \tag{3.2}$$

（JJF 1059.1—2019 3.10）

三十一、测量不确定度（measurement uncertainty）

根据所获信息，表征赋予被测量值分散性的非负参数。

注 1：测量不确定度包括由系统影响引起的分量，如与修正量和测量标准所赋量值有关的分量及定义的不确定度。有时对估计的系统影响未作修正，而是当作不确定度分量处理。

注 2：此参数可以是诸如称为标准测量不确定度的标准偏差（或其特定倍数），或是说明了包含概率的区间半宽度。

注 3：测量不确定度一般由若干分量组成。其中一些分量可根据一系列测量值的统计分布，按测量不确定度的 A 类评定进行评定，并可用标准偏差表征。而另一些分量则可根据基于经验或其他信息获得的概率密度函数，按测量不确定度的 B 类评定进行评定，也用标准偏差表征。

注 4：通常，对于一组给定的信息，测量不确定度是相应于所赋予被测量的值的。该值的改变将导致相应的不确定度的改变。

注 5：本定义是按 2008 版 VIM 给出，而在 GUM 中的定义是：表征合理地赋予被测量之值的分散性，与测量结果向联系的参数。

（JJF 1059.1—2019 3.12）

第二节　方法验证控制程序

一、方法验证的要求

方法验证是指检验检测机构和实验室提供客观有效的证据证明满足检验检测方法规定的要求，即检验检测机构和实验室应开展核查、试验及评价活动，提供客观的证据，证明能够正确运用检验检测/校准方法，保证实现所需的检验检测/校准方法的性能，满足相关规定的要求。从这一定义中可以看出，方法验证的对象主要针对的是标准方法和经过确认后的非标准方法，检验检测机构和实验室要证明自己在现有的设备设施、人员、环境等条件下，是否有能力按照规定的方法开展检验检测/校准活动。方法验证应重点关注其符合性，因此必须由检验检测机构和实验室自己完成。

方法验证应覆盖以下两个方面。

（1）资源验证：人员、设备、材料、环境、文件等资源是否满足标准要求。

（2）方法性能指标验证：

——操作能力验证，能否按照规定的方法得到符合要求的数据结果；

——数据结果评价，结果的准确度、精密度、质量控制结果等是否满足方法的要求。

CNAS-CL01：2018《检测和校准实验室能力认可准则》7.2.1.5 规定：“实验室在引入方法前，应验证能够正确地运用该方法，以确保实现所需的方法性能。应保存验证记录。如果发布机构修订了方法，应在所需的程度上重新进行验证。”

CNAS-CL01-G001：2024《检测和校准实验室能力认可准则的应用要求》7.2.1.5 规定：“在引入检测或校准方法之前，实验室应对其能否正确运用这些方法进行验证。验证不仅需要确定相应的人员、设施和环境条件、设备等能够满足方法规定的要求，还应通过试验证明结果的准确性和可靠性，必要时进行实验室间比对。”

【解读1】检验检测机构和实验室在引入方法前，如果是首次使用该方法，无论该方法是新发布的还是以前发布的，只要是首次使用，就应进行验证。验证应包括以下内容。

（1）对执行新标准的检验检测/校准人员是否具备所需的能力进行验证。应对相关人员进行培训，考核合格后上岗。

（2）对现有设备/参考物质适用性的评价，即看其是否满足标准要求的评价。

（3）对设施和环境条件的评价，即看其是否满足标准要求的评价，必要时进行验证。

（4）对样品制备，包括处理、存放等各环节是否满足标准要求的评价。

（5）对作业指导书、原始记录、报告格式及其内容是否满足标准要求的评价。

（6）方法的验证可包括以前参加过的实验室间（检验检测机构间）比对或能力验证的结果，为确定测量不确定度、检出限、置信限等而使用的已知值样品所做过的试验性检验检测或校准计划的结果。

【解读2】标准中有多种方法时，应对本检验检测机构和实验室选用的方法进行逐一验证。

【解读3】当标准方法适用于多种检验检测/校准对象样品时，应对本机构应用的检验检测/校准对象样品进行逐一验证。

【解读4】当标准中的检验检测/校准方法仅用于一类基质或对象时，应选用具有代表性的基质或样品进行验证。具有代表性的基质或样品指按照样品组划分的相似性（如水、脂肪/油、酸度、糖和叶绿素的含量等），或生物相似性（如组织）等进行归类，选择其中一个最典型的样品作为该类样品的代表。

【解读5】如果标准的发布机构修订了方法，检验检测机构和实验室应对新旧方法进行对比。如果仅进行了编辑性修改，则不需要重新进行验证；如果方法提出了新的要求，则应依据方法变化的内容对其重新进行验证。例如：

（1）如果方法的适用范围发生变化，方法运用到新的基质中，即新的样品或样品前处理过程发生重大变化，检验检测机构和实验室应依据方法变化的内容重新进行方法验证；

（2）如果仪器的检验检测/校准条件发生重大变化，如更新了设备型号，增加了设备的质控要求，细化了操作过程等，检验检测机构和实验室应重新进行方法验证；

（3）如果环境条件要求发生重大变化，结果的准确度、精密度的要求发生变化等，检验检测机构和实验室应重新进行方法验证；

（4）如果增加了新的测试方法，如 GB/T 218—2016《煤中碳酸盐二氧化碳含量测定方法》于 2016 年发布，增加了正压供气试验方法，检验检测机构和实验室应重新验证新方法。

二、方法验证的策划

（一）标准方法验证的提出

检验检测机构和实验室提出方法验证的时机包括但不限于：

（1）标准方法引入时，投入使用前；

（2）标准方法修订发布后，投入使用前。

（二）标准方法的验证方案

（1）检验检测机构和实验室应对从事方法验证的人员进行授权。

CNAS-CL01-A002—2020《检测和校准实验室能力认可准则在化学检测领域的应用说明》6.2.5 规定：“对从事化学领域方法开发、修改、验证和确认的人员的授权，至少应授权到相应的检测技术。”

【解读1】方法验证人员应按专业领域授权。

【解读2】授权相应的检验检测/校准技术，如滴定分析、色谱分析、仪器分析等。

（2）标准方法验证方案的策划，并形成文件。由经授权的人员策划标准方法的验证方案。标准方法验证方案的内容应至少包括以下几个方面。

①标准方法规定要求的识别（包括资源配置要求和方法性能要求）。

②标准方法验证的程序。

③标准方法验证的资源需求，包括但不限于：

——人员及其职责；

——设备设施；

——环境条件；

——代表性基质样品（如需要）。

④标准方法验证的时间安排。

⑤标准方法各性能试验结果的评价准则。

（3）当标准方法发生变更时，应对变更前后的方法进行差异分析和比较，并依据方法变化的内容策划验证的方案。

（4）验证方案经过审核批准，并在实施前传达到相关人员。

三、方法验证的实施

（一）资源验证

资源验证是指对检验检测机构和实验室的硬件、软件等资源条件进行验证。主要是验证人员、设备、材料、环境、文件等资源是否满足标准的要求。

1. 人员验证

对执行方法所需的人力资源的评价，即检验检测/校准人员是否具备所需的技能及能力；必要时应对相关人员进行培训，考核合格后上岗。例如：在某些检验领域，如珠宝鉴定，人员对检验结果的影响较大。此时应关注人员的资质和操作水平，确保同一方法由不同检验检测机构和实验室、不同人员实施所得的结果保持一致。

人员验证主要包括（但不限于）以下几个方面。

——是否选对了人，是否专业对口。

——是否经过有效培训，是否熟悉方法的原理。

——是否能正确操作设备。

——是否了解有关安全、防护和救护的知识。

——是否需要授权，技术能力怎么样。

——人员数量配备是否满足工作量、安全和质量控制的要求。

——是否配备了合适的人员监督。

2. 设备验证

检验检测机构和实验室应获得正确开展检验检测机构和实验室活动所需的设备，包括但不限于测量仪器、软件、测量标准、标准物质、参考数据、试剂、消耗品或辅助装置等。设备可以自有，也可以租赁。

《检验检测机构资质认定评审准则》第十一条（一）规定："检验检测机构应当配备具有独立支配使用权、性能符合工作要求的设备和设施。"

【解读】

检验检测机构租用、借用仪器设备开展检验检测时，应确保以下两点。

（1）有租用、借用的合同，租用、借用期限不少于 1 年（CNAS 规定不少于 2 年）。

（2）对租用、借用的设备具有完全的使用权、支配权。检验检测机构租用、借用的仪器设备，应由本检验检测机构的人员操作、维护、检定或校准。

CNAS-GL001：2018《实验室认可指南》5. 5. 11. 3 关于租/借用设备的要求如下。

如果使用租用设备进行检测或校准或鉴定活动并申请认可，CNAS 要求实验要做到：

"a. 租用设备的管理纳入实验室的管理体系；

"b. 实验室必须能够完全支配使用，即：租用的设备要由实验室的人员进行操作；由实验室对租用的设备进行维护，并能控制其校准状态；实验室对租用设备的使用环境、设备的贮存要能进行控制等。

"c. 租用设备的使用权必须完全转移，并在申请人的设施中使用。

"设备的租赁期限至少为 2 年。对于初次获得认可的机构，至少要能够保证实验室在获得认可证书后的 2 年内使用。

"CNAS 不允许同一台设备在同一时期由不同实验室租用而申请或获得认可。

"CNAS 不允许实验室使用借用设备申请/获得认可。"

设备验证主要包括（但不限于）以下几个方面。

——设备选型是否正确，测量范围、准确度、精密度是否满足方法规定的要求。

——操作设备的人员能力是否满足规定的要求。操作复杂分析仪器如色谱、光谱、质谱等仪器或高温高压危险设备的人员是否接受过涉及仪器原理、操作和维护等方面知识的专门培训，是否掌握相关的知识和专业技能或取得相应的资格证，如探伤、特种设备等。如需要，检验检测机构和实验室是否给相关人员进行了授权、颁发上岗证或操作证等。

——设备的操作是否需要作业指导书。

——设备放置的环境是否符合要求，如温度、湿度、通风、照明等。

——对设备是否进行了计量溯源，溯源结果是否满足方法规定的要求，是否需要使用修正值。

——是否需要期间核查，如果需要，是否有期间核查程序或作业指导书。

——试剂、耗材、标准物质的规格型号、纯度、等级等是否满足方法规定的要求，是否需要制定验收规则。

3. **材料验证**

检验检测机构和实验室的材料是指用于检验检测/校准的样品。

材料验证主要包括（但不限于）以下几个方面。

——抽样方法是否满足要求，是否有抽样方案。

抽样可能是对测量总不确定度的一个重要贡献量。科学规范的抽样是获得正确检验检测/校准结果的前提条件。与抽样有关的资料和操作，包括偏离应被记录。这些记录应包括所用的抽样程序、抽样人的识别、环境条件（如果相关），必要时有抽样位置的图示或其他等效方法。如果检验检测机构和实验室不直接负责抽样，或不能保证样品的真实性、代表性，应声明：结果仅与收到的样品有关。

——样品的选择和制备是否符合要求，样品是否具有代表性，样品的制备方法是否满足方法要求，是否需要作业指导书。

——样品的接收和储存是否符合要求。现有的样品管理程序中关于样品的运输、接收、处置、保护、存储、保留、清理或归还是否适用于新的样品。样品的存放条件、容器、有效期等是否满足样品的特殊要求。是否与其他可能相互干扰的样品进行了有效隔离，以避免样品变质、污染、丢失或损坏。是否是危险化学品。样品管理人员是否经过了授权。如需要，是否提供了安全说明书（MSDS）及进行了安全救护等方面的培训。

4. **环境条件验证**

——环境条件是否满足方法的规定要求，如洁净室、恒温恒湿区域、环境条件规范的要求等。如需要，是否有监测/监控措施。

——是否有对结果不利的环境干扰，如光线、温度、湿度、海拔、洁净度、微生物污染、灰尘、电磁干扰、辐射、供电、声音和振动、环境安全等。如需要，是否进行了有效控制。

——是否需要现场检验检测/校准。如需要，是否有相应的作业指导书。

5. 文件条件验证

——对方法标准是否进行了查新，包括引用标准，是否为有效版本。如果须要使用过期的方法标准，是否对其进行了控制和标识。

——是否需要编制作业指导书。

——原始记录、报告格式等相关的记录表格是否符合要求。

资源性验证是方法验证的重要环节，实验室应详细分析自身的资源条件，避免用简单的“人员符合要求，设备符合要求”下结论，使资源性验证流于形式。实验室应对照方法的规定要求，通过分析人员结构、学历、教育培训经历、工作经验等判断人员是否满足要求。

各个检验检测机构和实验室的管理要求不同，其方法验证报告的格式也不同。无论是文字报告还是表格形式的报告，只要内容要素翔实就符合要求。方法验证可以方法标准为单位进行，即同一标准含多个参数，可逐一进行验证；也可以项目为单位进行，即某一个检测项目须要用到多个方法标准，包括引用标准，可逐一进行验证。下面提供的案例仅有验证记录部分，供参考。方法性能指标验证一般以技术报告及原始记录的形式附在方法验证记录的后面，一同保存。

案例 1：GB/T 213—2008《煤的发热量测定方法》的方法验证

检测方法名称	GB/T 213—2008《煤的发热量测定方法》
检测项目	煤的发热量
人员技术状况	该项目检测人员 2 人，张＊＊＊，检验人员，##专业##学校毕业，从事化学及相关检验检测工作 6 年，有检验员上岗证。王＊＊＊，检验人员，##专业##学校毕业，从事化学及相关检验检测工作 9 年，有检验员上岗证。2020 年 3 月，2 人参加##举办的煤检测方法培训，经过实际操作培训，考核合格，能够按标准正确地实施检测工作
配套设备	（1）实验室配备粉碎制样机；分度值为 0.0001 g 的电子天平；温度分辨率为 0.001 ℃、标准相对偏差 <0.2% 的全自动快速量热仪，满足标准中对仪器精度的要求。购买了##标准物质，编号为##，在有效期内，存放在冰箱冷藏室，符合标准要求 （2）方法中涉及的测量仪器、计量器具均经过校准和计量确认，且在有效期内，能够满足检验方法对仪器和材料的要求，设备运转正常 （3）因煤粉碎制样有粉尘，实验室配备专门的制样室，配置除尘装置，检测人员配备防尘面罩；因为全自动快速量热仪对环境温度的波动有要求，所以全自动快速量热仪单独存放
样品管理	实验室配备制样室和样品室，规定 1000 mL 磨口棕色试剂瓶为样品容器，防止样品在储存期间发生水分变化。有样品管理员，样品管理符合《样品处置程序》要求。标准对样品无其他特殊要求
环境条件	煤的发热量测定实验室为朝北的单独房间，无强烈的空气对流、无强烈的热源和冷源，室温保持相对稳定。实验室装有温湿度计以随时监控实验室温度和湿度情况，配备空调以对温度和湿度环境条件进行有效调节，满足实验环境要求

续表

方法	(1) 标准已查新确认为现行有效，已受控管理 (2) 编制了对应的记录表格模板和报告模板，编号分别为×××/×××
实际操作验证情况及结果	2023年7月21日，不同操作者对煤样品进行了重复性现场对比实验验证，操作步骤严格按标准方法执行，2次测定结果，煤的空气干燥基恒容高位发热量Qgr，v，d分别是25.60 MJ/kg和25.69 MJ/kg。GB/T 213—2008《煤的发热量测定方法》要求煤的空气干燥基恒容高位发热量Qgr，v，d的重复性临界差为120 J/g，实际操作结果在方法要求范围之内，质控验证符合（记录详见附件原始记录） 2023年8月，项目参加了1次测量审核，编号为×××，结果满意 2023年8月，进行了测量不确定度评定，编制了评定报告，报告编号为×××。 验证人员：　　　　验证时间：
评审意见	经验证，本实验室具有使用GB/T 213—2008《煤的发热量测定方法》检测煤的空气干燥基恒容高位发热量Qgr，v，d的能力 批准人： 年　月　日

案例2：工作温度下的泄漏电流和电气强度的方法验证

标准/方法名称	GB 4076.1—2005；GB 4706.14—2008；IEC 60335-2-9：2008+A1：2012+A2：2016；EN 60335-2-9：2003/A13：2010/AC：2012
检测项目	工作温度下的泄漏电流和电气强度
验证原因	☐ 方法更新（旧标准编号：）　☒ 新标准/方法投入使用

标准/方法验证内容及结果

项目	标准要求	实验室能力说明	是否符合标准/方法要求
人员	(1) 检测人员要进行必要的培训 (2) 检测人员要进行必要的考核，考核合格才可上岗	(1) 技术负责人和质量负责人提出并实施年度培训计划，并对检测人员进行考核和资格确认，确认其资格和专业经历是否满足要求 (2) 检测人员：×××、×××、×××达到资格要求，已经接受培训，通过能力确认，得到了授权	是
设备	泄漏电流测试仪：IEC60990中图4所描述的电路装置 耐压测试仪：短路电流 I_s > 200 mA，跳闸电流 I_r = 100 mA	配备了泄漏电流测试仪、耐压测试仪、变频电源、功率计、隔离变压器。对检测结果有影响的设备均经过校准和计量确认，其他设备均做了核查，能够满足方法的要求	是
试剂/耗材/标准物质	金属箔	配备了锡箔纸、高压手套、橡胶绝缘垫，验收合格	是
环境条件	20（±5）℃	(1) 配备空调，可满足测试环境温度的要求 (2) 配备温湿度计，并经过校准，满足对环境温湿度进行监控的要求	是

续表

项目	标准要求	实验室能力说明	是否符合标准/方法要求
方法	(1) 正确的，现行有效的标准文本 (2) 标准/测试作业指导书 (3) 与测试标准/方法对应的原始记录表格 (4) 测量不确定度报告 (5) 典型报告（选择有代表性的样品按标准方法进行样品抽样、制备、检测，记录检测数据，评判其检测结果并形成报告） (6) 能力验证或实验室间比对（必要时）	(1) 标准已受控、已查新，确认为现行有效 (2) 有标准/测试作业指导书，指导书编号为××× (3) 有对应的记录表格模板和报告模板，编号分别为×××、××× (4) 有测量不确定度评定报告，报告编号为××× (5) 按标准要求进行了×次检测，并形成检测报告，报告编号为××× (6) ××项目参加了×次测量审核，编号为×××，结果满意 (7) ××项目参加了×次实验室间比对，编号为×××，比对结果满意	是
其他	内部质量控制	(1) 每次检测前检查设备情况 (2) 定期对检测设备进行期间核查 (3) 对×××项目组织了内部比对活动，编号为×××，比对结果满意	是

方法验证结论：☒ 满足，推荐使用 ☐ 基本满足，不推荐使用 ☐ 不满足，不推荐使用

如是基本满足或不满足请说明验证意见

方法验证人： 年 月 日

技术负责人批准：		日期：

案例3：非承重建筑构件的耐火性能检测验证报告

检测产品或检测项目	非承重建筑构件的耐火性能检测
标准检测方名称及编号	BS 476-20：1987 *Fire tests on building materials and structures—Part 20：Method for determination of the fire resistance of elements of construction*（*general principles*）[《建筑材料和构件的防火测试 第20部分：建筑构件耐火性能的测试方法（一般原理）》] BS 476-22：1987 *Fire tests on building materials and structures—Part 22：Methods for determination of the fire resistance of non-loadbearing elements of construction*（《建筑材料和构件的防火测试 第22部分：非承重构件建筑构件耐火性能的测试方法》）
非标准检测方法名称及编号	N/A
配套技术依据文件	N/A
新旧标准差异分析	首次运用标准
作业文件	IDQ－ZY（TF）《非承重构件检测作业指导书（1.2版）》
环境设施条件	(1) BS 476－20：1987标准要求：环境温度为5 ℃～35 ℃ (2) 实验室实际环境：环境温度为5 ℃～35 ℃，符合要求

续表

仪器设备及标准物质	(1) 已配置以下主要设备 1) 非承重建筑分隔构件立式燃烧炉的压力、温度已校准验收合格 2) Type K 热电偶已校准验收合格 (2) 辅助设备：秒表、检测棒、棉花已校准或验收合格 (3) 配备液化气体，满足标准要求
人员资格、培训授权	(1) 检测人员 1××具有耐火性能检测的相关知识，××大学机电工程专业毕业，有 5 年以上的检测工作经验 (2) 检测人员 2××具有耐火性能检测的相关知识，××××大学机电工程专业毕业，有 5 年以上的检测工作经验 (3) 检测人员 3××具有耐火性能检测的相关知识，××××××大学自动控制工程专业毕业，有 2 年检测工作经验 上述人员在技术负责人的指导下，已掌握方法原理、检测步骤及质控要求。技术负责人及理事长已确认上述人员具有非承重建筑构件的耐火性能检测能力，并已授权其操作非承重建筑分隔构件立式燃烧炉、进行检测
试件处理	(1) 按 BS 470-20：1987 标准和×××－ZY 作业指导书进行样品安装 (2) 按《样品管理程序》作了样品接收、标识及处理记录
质量控制	(1) 每次检测前检查设备情况，检查设备的检测有效性 (2) 定期用已校正的仪器核查检测仪器的时间、温度、压力参数 (3) 监督员对检测人员的检测质量进行监督及记录
原始记录、报告	已设计以下记录、报告模板： (1) ××-JL-001 耐火极限检测记录表；立式燃烧炉控制的温度及压力数据、曲线 (2) 报告模板编号为××××××
测试结果及验证	(1) 按标准要求进行不同产品（木防火门、铁防火门）的实验室之间比对 1 次，结果满意 (2) 按标准要求进行×××产品检测×次，测试结果证实具备能力

可行性分析：

以上综合分析及实际的检测及结果比对，本公司具备检测非承重建筑构件的耐火检测的以下条件：

(1) 经技术负责人确认具有现行有效的标准、仪器操作和检测作业指导书

(2) 有配套的检测仪器设备、辅助设施、气体等；凡须校准的仪器设备及辅助设备都在校准有效期内，校准结果符合技术要求和检测标准的要求

(3) 有配套的检测样品处理设施、工具

(4) 检测环境条件符合检测标准要求，有相关记录

(5) 具备有能力的检测人员 3 人，经技术负责人和理事长确认其具有非承重建筑构件的耐火检测的能力，并已授权

(6) 具有检测规范的原始记录、报告模板等。检测人员能实时记录，可编制出具报告

(7) 按标准进行了不同产品实验室间比对试验：与中国广东省广州市××建筑材料工业研究所进行了实验室间比对检测，百分相对差为：木防火门完整性的百分相对差 = －11.3%；木防火门隔热性的百分相对差 = －11.3%；铁防火门完整性的百分相对差 = 1.7%；铁防火门隔热性的百分相对差 = 3.45%；其防火门在燃烧过程中出现的现象及人员对现象判定结果基本一致，防火变形量的检测其变形点及其量基本趋同。结果满意

(8) 监督员对检测人员的检测质量有监督及记录

综上，本所已具备检测非承重建筑构件的耐火性能的能力

验证人员		日期	

审核意见：

经核查情况属实。请技术负责人审批。

审核人		日期	

续表

批准意见： 本所已具备非承重建筑构件的耐火性能检测能力及条件，检测方法具有可行性及可操作性，准予实施。			
技术负责人		日期	

附件资料：

（1）BS 476-20：1987、BS 476－22：1987 有效标准

（2）IDQ-ZY（TF）《非承重构件检测作业指导书（1.2 版）》

（3）设备校准证书：H2017-0049124、T20170606-22、RYTJ201704079、WRH20170179 等系列证书（见设备档案）

（4）人员能力确认、授权记录

（5）《防火门试验室间比对试验见证评价报告（02）》

（6）产品检测报告编号为×××

（二）方法性能指标验证

方法性能指标验证主要包括以下两个方面。

一是操作能力验证，是否能按照规定的方法操作并得到符合要求的数据结果，包括对检验检测/校准对象的样品制备，如前处理、存放和处置等各环节是否满足标准方法要求。当标准方法包含抽样（采样/取样）程序时，应按标准方法进行验证。

二是数据结果评价，结果的准确度、精密度、检出限、定量限及质量控制结果等是否满足方法的规定要求。

方法性能指标验证可以通过参加能力验证、三个或多个实验室间比对、加标回收等方式验证结果的准确性；通过人员比对、平行样测试分析和空白分析等验证结果的精密度、检出限等；通过分析结果之间的相关性验证结果的可靠性；通过统计学的方法，如 En 值法、t 检验法、F 检验法及测量不确定度分析等分析数据的一致性。

方法性能指标验证的关注点是操作过程和结果与方法要求的符合性。因此验证方式和须验证的技术性能要看方法的要求。如果方法明确规定了准确度、精密度、检出限、质控要求、空白要求等，应逐一进行验证，证明检验检测机构和实验室的操作过程和结果符合标准要求。当方法没有规定具体的准确度、精密度等要求时，检验检测机构和实验室可以通过统计学的方法，如 En 值法、t 检验法、F 检验法及测量不确定度分析等分析数据的一致性。方法验证在必要时可参加能力验证或开展实验室间比对。检验检测机构和实验室应基于风险评估的结果，选择验证方法的性能。

表 3.1 给出了典型方法验证参数的选择及其要求。

表 3.1　典型方法验证参数的选择及其要求

序号	待评定性能参数	定量方法	定性方法	一般要求
1	检出限[a]	√	√	不高于方法标准给出的检出限
2	定量限	√	—	不高于方法标准给出的定量限
3	灵敏度	√	√	—
4	选择性	√	√	—
5	线性范围	√	—	对应曲线线性相关系数满足标准
6	测量范围	√	—	应覆盖方法的最低浓度水平（定量限）和关注浓度水平
7	基质效应[b]	√	√	—
8	精密度（重复性和再现性）	√	—	精密度优于标准方法给出的指标或满足化学分析通用的要求
9	正确度	√	—	偏倚或回收率优于标准方法给出的指标或满足化学分析通用的要求
10	稳健度	√	—	—
11	测量不确定度[c]	√	—	—

注 1

√表示正常情况下需要验证的性能参数。

—表示正常情况下不需要验证的性能参数。

注 2

当标准方法没有特别规定的情况下，如已经验证检出限，定量限可以省略；当已经确认线性范围，测量范围可以省略。

a：被测物的浓度接近于“0”时需要验证此性能参数。

b：在化学分析中，基质指的是样品中被分析物以外的组分。基质经常对分析物的分析过程有显著的干扰，并影响分析结果的准确性。例如，溶液的离子强度会对分析物活度系数有影响，这些影响和干扰被称为基质效应。

c：如果一个公认的测试方法对不确定度的主要影响因素贡献值和对结果的表达方式有要求，则检验检测机构和实验室应该满足 ISO/IEC 17025 或同类标准的要求。

在定量分析方法验证的过程中，关键的参数应取决于方法的特性和可能测到的样品基质的检验检测/校准范围，至少应验证测定正确度和精密度。对于痕量化学分析检验检测机构和实验室，还应确保获得适当的检出限和定量限。

当标准含有多种方法的，应对本检验检测机构和实验室选用的方法逐一进行验证。当标准方法适用于多种检验检测/校准对象时，应对本检验检测机构和实验室应用的不同类型基质样品逐一进行验证，包括空白样品、标准物质、加标样品、日常样品等，提交结果。

检验检测机构和实验室技术负责人应提前与相关实施人员做好沟通和准备。验证试验的实施者在执行操作前，应首先掌握标准方法有关内容，仔细阅读并掌握实施方案，根据方案确定的要求来确保验证的有效性和可靠性。实施者在验证试验过程中发现任何异常，应该及时记录并向检验检测机构和实验室相关技术负责人汇报。试验完成后，实施者应整理有关数据，进行必要的统计和计算，获得方法各特性的指标值，对照评价方法性能的试验结果的评价准则得出验证结论，并整理相关技术报告，交相关技术负责人审核。

当方法验证过程中发现标准方法中规定的操作不详细，易产生歧义，或标准中缺乏部分仪器条件参数时，检验检测机构和实验室应对有关方法条件进行细化，通过一定的仪器条件优化实验，并编制作业指导书。

例1：HG/T 2363—92《硅油运动黏度试验方法》的方法性能指标验证

标准对精密度作了如下规定：

8　精密度

用以下数据来判断测定结果的可靠性（95%置信水平）。

8.1　重复性

同一操作者，在同一实验室对同一试样的两个平行测定，其结果之差不得大于算术平均值的1.0%。

8.2　再现性

不同操作者，在不同实验室用相同型号的不同粘度计对同一试样的测定，其结果之差不得大于算术平均值的2.0%。

9　报告

9.1　粘度的测定结果数据，取四位有效数字。

9.2　取两次平行测定结果的算术平均值为试样的运动粘度。

对方法进行方法性能指标验证时，可选用人员比对或平行样测试，测试结果的精密度满足标准重复性要求即可。

例2：GB/T 18612—2011《原油有机氯含量的测定》的方法性能指标验证

（1）标准规定了检出限：本标准适用于测定有机氯含量大于1 μg/g的原油。

GB/T 32465—2015《化学分析方法验证确认和内部质量控制要求》7.5.4规定："若方法中已给出该方法的方法检出限（Method Detection Limit，MDL），则在给出的MDL浓度水平上，通过分析该浓度水平的样品，以验证给出的MDL，分析结果应在给出的MDL±20%范围内，若方法未给出MDL，实验室应选用一个适当的方法研究及计算表示。"

实验室可选择加标回收的方式，在空白原油中加入1 μg/g左右的有机氯，也可使用接近1 μg/g的有机氯标样，测试结果的平均值在标称值±20%范围，可判断检出限验证符合标准要求。

（2）标准规定了质控要求：每4 h用有机氯标准溶液进行测定，检测系统回收率，系统回收率应在85%以上。

实验室应按标准要求进行系统稳定性验证，记录每4 h用有机氯标准溶液检测系统回收率在85%以上，可判断系统稳定性符合标准要求。

（3）标准规定了空白要求：日常用异辛烷检测系统空白，系统空白应小于0.2

μg/g。

实验室应按标准要求进行空白验证，记录用异辛烷检测系统空白值应小于0.2 μg/g，可判断系统空白符合标准要求。

（4）标准规定了精密度要求：独立进行测试获得的两次独立测试结果绝对差值不超过式（3.3）计算值的概率为95%。

$$r = 1.01(x - 0.17)^{0.467} \tag{3.3}$$

实验室可采用平行测试的方法获得两次独立测试的结果，测试结果绝对差值小于 r，可判断测试结果的精密度符合标准要求。

可见，对GB/T 18612—2011《原油有机氯含量的测定》的方法性能指标验证要进行以上4个方面的验证，保证其均符合标准要求，才能最终得出验证结果符合标准要求的结论。

例3：GB/T 8929—2006《原油水含量的测定　蒸馏法》的方法性能指标验证

（1）标准规定了回收试验的要求：

“7.3　回收试验

“向仪器中加入400 mL干燥的溶剂［最大含水量（质量分数）0.02%］并按照第9条的规定来检验整套仪器回收水的总量。最初的操作完成后，倒掉接受器中的液体并用滴定管或微量移液管向蒸馏烧瓶中直接加入1.00 mL ±0.01 mL的蒸馏水，继续按第9章的规定操作。重复本步骤，但向蒸馏烧瓶中加入4.50 mL ±0.01 mL的蒸馏水。

如果接受器的读数在表1规定的允差范围内，则认为整套仪器是合格的。”

表1　水回收量的允差　　**单位为毫升**

接受器在20 ℃的最大容量	在20 ℃加进的水的体积	在20 ℃回收水的允差
5.00	1.00	1.00 ±0.025
5.00	4.50	4.50 ±0.025

注：为不改变原标准的内容，此表在本章中沿用原表号。

实验室应按标准要求进行回收试验验证，记录实验结果，满足标准中表1的要求，可判断回收试验符合标准要求。

（2）标准规定了精密度要求：“同一操作者用同一仪器在恒定的操作条件下对同一种测定试样，按试验方法正确地操作所得连续测定结果之间的差，不超过以下数值：

含水量（体积分数）从0.0% ~0.1%：见图3；

含水量（体积分数）从0.1% ~1.0%：体积分数为0.08%。”

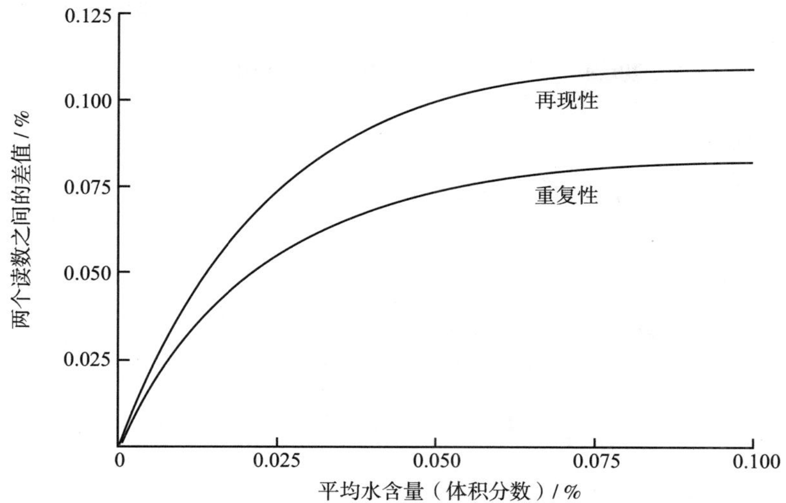

图 3　原油含水测试精密度要求

注：为不改变原标准内容，此图沿用原图号。

实验室可采用平行测试的方法获得两次独立测试结果，连续测定结果之间的差应符合标准精密度要求。

（三）方法验证的记录和报告

（1）检验检测机构和实验室应保存方法验证的记录和报告。

检验检测机构和实验室应记录和保留方法验证过程中的所有原始数据和信息，并确保可追溯和可复现验证的结果。

记录的内容应至少包括：

1）方法名称和标准编号。

2）适用范围。

3）被检验检测/校准样品类型的描述。

4）使用的设备设施，包括方法性能要求。

5）所需的标准物质（如需要）。

6）要求的环境条件和所需的稳定周期（如需要）。

7）方法细则的描述（如需要）。

8）验证的方法性能或量和范围。

9）测量不确定度或评定测量不确定度的程序（如需要）。

10）须记录的数据以及结果的分析和表达方法。

11）核查的结果。

（2）检验检测机构和实验室应根据在方法验证中获得的数据和信息，审核结果能否满足方法的规定要求，并形成验证报告。验证报告的结论应明确检验检测机构和实验室是否有能力依据方法进行检验检测/校准。

验证报告的内容应至少包括：

1）要求的说明。

2）资源需求核查的结论。

3）方法性能的确定。

4）试验结果。

5）验证结论（详述是否满足要求）。

6）审核人和批准人的识别和日期。

（3）方法验证报告应由获得授权的人员进行审核，并由技术负责人批准。

（四）方法验证的后续活动

若方法验证的结论是检验检测机构和实验室具备采用方法进行检验检测/校准活动的能力，则检验检测机构和实验室根据结论申报开展或继续依据该方法进行检验检测/校准活动。若方法验证报告的结论是检验检测机构和实验室不具备采用方法进行检验检测/校准的能力，则检验检测机构和实验室应查明原因，整改后重新进行验证。

检验检测机构和实验室通过了方法验证，应通过参加能力验证或实验室间（检验检测机构间）比对及内部结果监控等方式监控检验检测/校准结果的有效性，并对不同人员、不同设备、不同时期的结果进行分析，跟踪结果的有效性。

若检验检测机构和实验室人员、设备和环境发生重大变化，检验检测机构和实验室应结合质量控制计划重新进行验证或跟踪验证，当怀疑某个方法性能可能不满足要求时，应立即停止检验检测/校准，分析原因，启动不符合工作处理程序，对某些受影响的检验检测/校准方法特性参数重新进行验证，以使方法性能得到恢复，必要时更新相应的报告。

第三节　方法确认控制程序

一、方法确认的要求

随着科学技术的进步和国际贸易的发展，国内外对检验检测机构和实验室分析方法和检验检测/校准数据的质量也提出了更高的要求。在检验检测机构和实验室的实际检测工作中，经常遇到现行的检验检测/校准标准方法无法与快速发展的检验检测/校准手段相适应的情况。为了提供更准确、更高效率的检验检测/校准服务，检验检测机构和实验室往往会采用自己制定或改进的检验检测/校准方法，越来越多的检验检测机构和实验室使用标准方法以外的检验检测/校准方法。

方法确认是检验检测机构和实验室通过试验，提供客观有效证据证明特定检验检测/校准方法满足预期的用途。从这一定义我们可以看出，方法确认的目的是证明拟采用的方法是否满足测试目标的要求。因此，方法确认的对象主要是非标准方法、检验检测机构和实验室制定的方法、超出预定范围使用的标准方法、其他修改的标准方法。检验检测机构和实验室要证明的是方法适用于要开展的检验检测/校准活动。方法确认应重点关注方法的特性，如方法的正确度、精密度是否满足要求、方法测试范围是否满足要求、系统的适应性是否满足要求等，对检验检测机构和实验室的技术能力要求较高，检验检测机构和实验室可以独立完成，也可以请有实力的行业权威检验检测机构和实验室或多个检验检测机构和实验室共同完成。

CNAS-CL01：2018《检测和校准实验室能力认可准则》7.2.2 方法确认规定：

"7.2.2.1 实验室应对非标准方法、实验室制定的方法、超出预定范围使用的标准方法、或其他修改的标准方法进行确认。确认应尽可能全面，以满足预期用途或应用领域的需要。

注 1：确认可包括检测或校准物品的抽样、处置和运输程序。

注 2：可用以下一种或多种技术进行方法确认：

a）使用参考标准或标准物质进行校准或评估偏倚和精密度；

b）对影响结果的因素进行系统性评审；

c）通过改变控制检验方法的稳健度，如培养箱温度、加样体积等；

d）与其他已确认的方法进行结果比对；

e）实验室间比对；

f）根据对方法原理的理解以及抽样或检测方法的实践经验，评定结果的测量不确定度。"

【解读 1】 检验检测机构和实验室可在综合考虑成本、风险和技术可行性的基础上，并根据按非标准方法的预期用途或应用领域识别须确认的方法性能。

【解读 2】 确认应尽可能全面，对检验检测/校准对象的样品制备，包括前处理、存放和处置等各环节是否满足非标准方法要求进行确认，当非标准方法包括抽样（采样/取样）程序时，按方法进行确认时可包括检验检测/校准物品的抽样、处置和运输程序，以确保该方法满足预期用途或应用领域的需要。

CNAS-CL01：2018《检测和校准实验室能力认可准则》7.2.2.2 规定："当修改已确认过的方法时，应确定这些修改的影响。当发现影响原有的确认时，应重新进行方法确认。"

【解读1】 当修改已确认过的方法时，应首先进行修旧方法对比，如果方法仅进行了编辑性修改，或修改的内容不影响方法的特性指标，则不需要进行重新确认。如果方法提出了新的要求，影响原有的确认时，应重新进行方法确认。例如：

（1）方法的适用范围发生变化，运用到新的基质中，即新的样品或样品前处理过程发生重大变化，检验检测机构和实验室应重新进行方法确认；

（2）仪器的检验检测/校准条件发生重大变化，检验检测机构和实验室应重新进行方法确认；

（3）环境条件要求发生重大变化，结果的正确度、精密度的要求发生变化等，检验检测机构和实验室应重新进行方法确认；

（4）增加了新的测试方法，检验检测机构和实验室应对新方法进行确认。

二、非标准方法确认的策划

检验检测机构和实验室在进行非标准方法确认前，应充分识别非标准方法的预期用途和应用领域需要的具体要求，并对要求作出详细说明。确认要尽可能全面，以满足预期用途或应用领域的需要。

（一）非标准方法确认的提出

检验检测机构和实验室提出非标准方法确认的时机包括但不限于：

（1）首次使用非标准方法前；

（2）制定/开发的方法、超出其预定使用规范的标准方法和修改过的标准方法使用前。

（二）非标准方法确认的方案

（1）检验检测机构和实验室应对从事方法确认的人员进行授权。

参加方法确认的人员须要熟悉方法原理，熟练操作仪器设备，能独立完成整个工作过程。

CNAS-CL01-A002-2020《检测和校准实验室能力认可准则在化学检测领域的应用说明》6.2.5 规定："对从事化学领域方法开发、修改、验证和确认的人员的授权，至少应授权到相应的检测技术。"

【解读1】 方法确认人员应按专业领域获得授权。

【解读2】 授权到具体的检测技术，如滴定分析、色谱分析、仪器分析等。

适用时，从事非标准方法确认的人员可包括外部人员，即可以请行业专家，也可以请行业权威的检验检测机构和实验室协助完成方法确认。

（2）非标准方法确认方案策划，并形成文件。

非标准方法确认方案由授权的人员策划。非标准方法确认方案的内容应至少包括以下几个方面。

1）非标准方法预期用途要求的识别。

2）非标准方法确认的程序。

3）非标准方法确认的资源需求，包括但不限于：

——人员及其职责。

——设备设施。

——环境条件。

——代表性基质样品（如需要）。

4）非标准方法确认的时间安排。

5）非标准方法各性能试验结果的评价准则。

（3）当确认后的方法发生变更时，检验检测机构和实验室应对变更前后的方法进行差异分析和比较，并依据方法变化的内容策划确认方案。

（4）确认方案在审核批准后、实施前应被传达到相关人员。

三、非标准方法确认的实施

（1）检验检测机构和实验室在综合考虑成本、现有技术经济条件、风险和技术可行性的基础上，根据预期的用途来进行方法确认。检验检测机构和实验室可以自己进行确认，也可请外部专家确认。方法确认至少应包含分析系统适应性和正确度的内容。可采用以下一项或多项内容的组合形式。

1）使用标准物质或参考标准进行校准或评估偏倚和精密度。

2）对影响结果的因素作系统性评价。

3）通过改变控制参数检验方法的稳健性（如培养箱温度、加样体积等）。

4）与其他已经确认的方法进行结果比对。

5）参加能力验证和实验室间（检验检测机构间）比对。

6）根据对方法原理的理解以及检测方法的实践经验，评定结果的测量不确定度。

（2）对于自制方法和非标准方法，检验检测机构和实验室应审核方法的编制、评审、确认的结果。确认试验设计的具体安排由熟悉该方法（如培养箱温度、加样体积）及其应用的专家组完成。专家组中应该至少有一名成员具有统计设计和试验分析方面的经验。当设计一个试验时要考虑以下问题：

1）是否需要其他检验检测机构和实验室来协作进行，这些实验室应满足什么要求；

2）该检验检测/校准方法是否有一个令人满意的预期目标；

3）在试验中宜使用多少个水平；

4）什么样的物料才能表达这些水平；如何准备受试物料；

5）宜规定多少次重复；

6）完成所有这些测量宜规定多长的时间；

7）需要什么特别的预防措施来确保同一物料在所有的检验检测机构和实验室，在相同的状态下进行测量。

四、非标准方法确认的记录和报告

（1）检验检测机构和实验室应保存非标准方法确认的记录和报告。

检验检测机构和实验室应记录和保留非标准方法确认过程中的所有原始数据和信息，并确保可追溯和可复现验证结果。

记录的内容应至少包括：

1）方法名称和唯一性编号；

2）适用范围；

3）确认所用样品类型的描述；

4）使用的设备设施，包括技术性能要求；

5）使用的标准物质（如需要）；

6）要求的环境条件和所需的稳定周期（如需要）；

7）确认的技术参数或量和范围；

8）测量不确定度或评定测量不确定度的方法（如需要）；

9）需记录的数据以及结果的分析和表达方法；

10）确认的结果。

（2）检验检测机构和实验室应根据方法确认中获得的数据和信息，评审确认结果能否满足预期用途或应用领域需要的要求，并形成确认报告。确认报告的结论应明确检验检测机构和实验室能否使用该非标准方法进行检验检测/校准。

确认报告的内容应至少包括以下内容。

1）非标准方法确认的使用程序。

说明任务来源、方法的使用范围、方法确认的技术思路、合作实验室（如有）的相关情况等。

2）要求的详细说明。

方法确认的技术目标，如检出限、准确度、精密度等。

例如，方法精密度：样品含量的相对标准偏差 RSD≤1.5%。

方法正确度：标准物质/样品添加的回收率为95%~102%。

方法的选择性：溶液空白无干扰，杂质与主峰的分离度≥2.0%。

3）方法性能特性的确定，包括以下内容。

——非标方法概述。

对整个测试过程、方法原理、设备、试剂作一个简单的描述，做到清晰、简洁、明了即可。

——使用设备和人员的描述。

参加方法确认的人员需要得到授权，熟悉方法原理，熟练操作仪器设备，能独立完成整个工作过程。

根据设备（包括标准物质）的性能指标以及标准要求的性能指标，把设备相关信息量进行有效的标注，包括设备名称、设备编号、设备的测量范围、规格型号、厂家、设备的性能指标和准确度等级，这些证据性文件论述清楚，根据两者的对比就可以看出配置的设备是否满足标准的要求。

——要求的环境条件。

环境条件包括温度、湿度，有些情况下还涉及排风、振动、辐射等。检测过程中配置的安全设施，如防火防盗装置、灭火装置、喷淋装置、洗眼装置、烟雾报警装置等，确保环境条件满足标准的要求。

——被检验检测/校准物品类型的描述。

物品类型的选择，如水溶型、油溶型、乳液型；物品形态的选择，如液体、固体、粉末等。物品的处理过程，如筛分、萃取、烘干、提纯等过程的描述。

4）试验结果。

详细记录方法确认参数实验数据及计算过程，确保过程可追溯。可列表或作图进行统计分析，按照合理判据进行判定，得出可靠的结论。

5）方法有效性声明（应详述与预期用途的适宜性）。

——给出方法确认各特性指标的数值或范围，如：检出限为0.05%；加标回收率为97%。

——方法的各特性指标是否符合预期的要求，根据评价分析情况，是否需要对方法进行改进及理由。

——评定测量不确定度的程序及结果。

——贯彻方法的要求和安全措施建议，重要内容的解释和其他应予以说明的事项。

6）评审人和批准人的识别和日期。

（3）非标准方法确认报告应经由至少3名本专业中级及以上技术职称（或同等能力）人员组成的非标准方法评审委员会评审，并形成是否满足预期用途或应用领域需要要求的评审结论，报管理层批准。非标准方法评审委员会可聘请外部相关专家。

五、非标准方法确认的后续活动

若非标准方法确认报告的结论是非标准方法适于作为检验检测/校准的依据，则检验检测机构和实验室在确认后可依据确认结论，申报开展或继续依据该非标准方法进行检验检测/校准。若非标准方法确认报告的结论是非标准方法不适于作为检验检测/校准的依据，则检验检测机构和实验室应对改进后的非标准方法重新进行确认。

经确认的非标准方法被批准后，作为《文件控制程序》发放到相应检验检测/校准岗位予以实施。

第四章　方法特性的确认技术

本章目标：掌握方法特性确认参数及确认技术，熟悉方法确认的结果判定方法。

第一节　方法特性确认参数选择

方法特性确认首先应明确检验检测/校准对象特定的需求，包括样品的特性、数量等，并应满足客户的特殊需要，同时应根据方法的预期用途，选择需要确认的方法特性参数。方法特性确认的内容应完整，典型的需要确认的方法特性参数见表4.1（引自GB/T 27417—2017《合格评定　化学分析方法确认和验证指南》）。

表4.1　典型方法确认参数的选择

序号	待评定性能参数	定量方法	定性方法	一般要求
1	检出限[a]	√	√	不高于方法标准给出的检出限
2	定量限	√	—	不高于方法标准给出的定量限
3	灵敏度	√	√	—
4	选择性	√	√	—
5	线性范围	√	—	对应曲线线性相关系数满足标准
6	测量范围	√	—	应覆盖方法的最低浓度水平（定量限）和关注浓度水平
7	基质效应[b]	√	√	—
8	精密度（重复性和再现性）	√	—	精密度优于标准方法给出的指标或满足化学分析通用的要求
9	正确度	√	—	偏倚或回收率优于标准方法给出的指标或满足化学分析通用的要求
10	稳健度	√	—	—
11	测量不确定度[c]	√	—	—

注1

√表示正常情况下需要验证的性能参数。

—表示正常情况下不需要验证的性能参数。

注2

当标准方法没有特别规定的情况下，如已经验证检出限，定量限可以省略；当已经确认线性范围，测量范围可以省略。

a：被测物的浓度接近于“0”时需要验证此性能参数。

b：在化学分析中，基质指的是样品中被分析物以外的组分。基质经常对分析物的分析过程有显著的干扰，并影响分析结果的准确性。例如，溶液的离子强度会对分析物活度系数有影响，这些影响和干扰被称为基质效应。

c：如果一个公认的测试方法对不确定度的主要影响因素贡献值和对结果的表达方式有要求，则检验检测机构和实验室应该满足 ISO/IEC 17025 或同类标准的要求。

不同技术领域的方法特性确认要求有显著的差异。一般来说，确认的深入程度和广泛程度应与方法预期的用途相符。方法特性确认是在成本、风险和技术可行性之间进行平衡的结果。检验检测机构和实验室应根据方法的理论基础、技术要求、客户要求、业务风险等因素进行综合考虑，确定方法特性确认的程序和具体要求。确认要尽可能全面，对检验检测/校准对象的样品制备，包括前处理、存放和处置等各环节是否满足非标准方法要求进行确认。

方法特性确认既可在检验检测机构和实验室内部进行，也可委托给外部机构。如果由外部机构实施方法特性确认，检验检测机构和实验室应最终决定方法的适宜性，并在使用前进行方法验证。对方法的预期用途进行评价时，方法特性的确认结果数据应满足客户的检测范围和准确度要求。方法特性确认可能包括样品的抽取、处置和传送程序。

第二节　方法特性确认技术

CNAS-CL01：2018《检测和校准实验室能力认可准则》7. 2. 2. 1 注 2 给出了方法确认技术：

“注 2：可用以下一种或多种技术进行方法确认：

a）使用参考标准或标准物质进行校准或评估偏倚和精密度；

b）对影响结果的因素进行系统性评审；

c）通过改变控制检验方法的稳健度，如培养箱温度、加样体积等；

d）与其他已确认的方法进行结果比对；

e）实验室间比对；

f）根据对方法原理的理解以及抽样或检测方法的实践经验，评定结果的测量不确定度。”

在确认一个检测 μ 方法的测试中，所使用的物料应该完全能代表该测量方法在正常的使用中的那些物料。作为一般规则，若要能够确定较大的水平变化范围所要求的准确度，须使用 5 种不同的物料。当需要不同的检验检测机构和实验室合作共同进行方法确认时，就有必要将相同的物料分给各个不同地方的检验检测机构和实验室。物料在运输过程中伴随着许多损失和风险，检验检测机构和实验室应有措施确保这些物料是完全相同的。当所测量的物料随着时间而发生改变时，应注明完成全部实验的时间范围，必要时，应规定样本的测试时间。

一、使用参考标准或标准物质进行校准或评估偏倚和精密度

（一）正确度

测量结果的正确度用于表述无穷多次重复性测定结果的平均值与参考值之间的接近程度。正确度差意味着存在系统误差，通常用偏倚表示。可使用有证标准样品核查、参加能力验证计划、与经典的方法或公认的方法进行比对等手段实施方法正确度的研究。

正确度通常用偏倚衡量。偏倚是系统测量误差的估计值。通常用测量结果的平均值减去参考值获得，因此偏倚可为正数，也可为负数；可计算绝对偏倚，也可计算相对偏倚。

测量结果的偏倚通常通过回收试验进行评估。回收率 R 可通过式（4.1）计算：

$$R = C_1 / C_0 \quad (4.1)$$

式中，C_1——方法测定的浓度；

C_0——加入目标物后的理论浓度。

100% 的回收率并不一定意味着好的正确度，如对于一些测试（如非 100% 萃取的前处理），由于样品加标实验所加入的标准物质与样品本身含有的目标物质在样品中的“结合”方式不同，因此两者能被萃取出来的效率不同。此时，样品加标 100% 的回收率并不真正代表好的正确度，检验检测机构和实验室应意识到这种差异。但差的回收率则一定意味着有偏倚。可利用已知偏倚的国际或国家认可的参考方法来评定另一种方法的偏倚，或者利用两种方法按照相关测试程序对多种基质或浓度的典型样品进行测定，使用统计分析方法，如用 t 检验对分析方法间的偏倚进行显著性评估，比较检测结果平均值与接受参考值是否有显著性差异，确认这种差异是否可以被接受。应关注不同方法的特点，如作为用于筛选分析的能量色散型 X 射线荧光光谱法（EDXRF），其正确度一般明显低于电感耦合等离子体发射光谱法（ICP - OES）等其他光谱定量分析方法。因此，检验检测机构和实验室在自行制定正确度要求时，要考虑能量色散型 X 射线荧光光谱法的特点。

一般通过以下几种方法判断偏倚的可接受程度。

1. 与检验检测机构和实验室自定的目标值比较

例 1： 比较使用不同方法测定不同种类化学剂中有机氯离子含量的回收实验

使用不同方法对不同种类化学剂中有机氯离子的含量进行多次测定，回收率见图

4.1。使用氧燃烧盐含量测定法的回收率最好，可达90%以上，达到方法的预期。

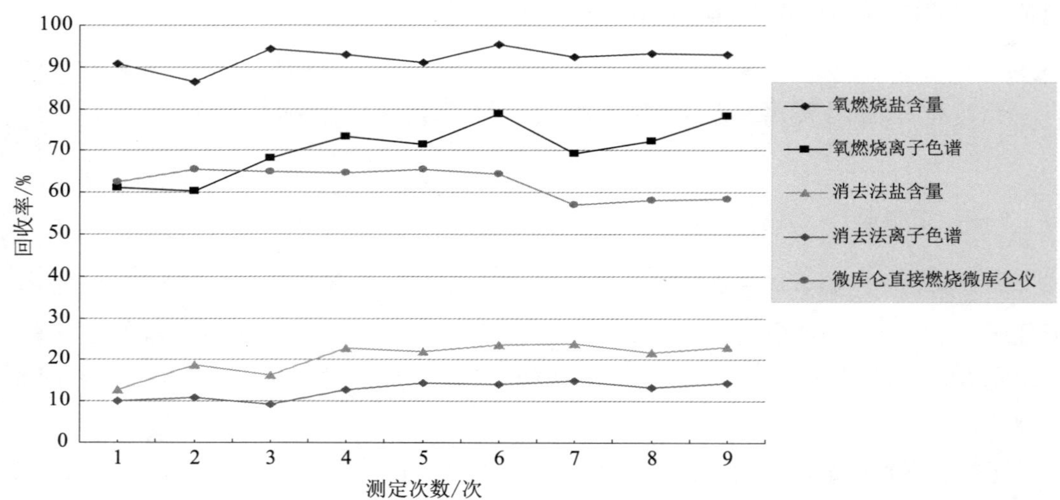

图4.1　各种测定方法回收率比较

2. 满足相关国家标准的要求或与国家标准等成熟的方法比较

通常认为，不同原理的分析方法具有相同不准确度的可能性极小。当用不同的分析方法对同一样品进行测定，并获得一致的测定结果时，可将其作为真值的最佳估计。

当用不同的分析方法对同一样品进行重复测定时，若所得的结果一致，或经统计检验其差异不显著时，则可认为这些方法都具有较好的正确度。所得结果呈现显著性差异，则应以被公认的可靠方法为准评估偏倚。

GB/T 32465—2015《化学分析方法验证确认和内部质量控制要求》7.3.3 规定："使用有证标准样品进行重复性分析，研究正确度，重复检测的平均值与接受参考值的偏差不得超过 ±10%。"

GB/T 27404—2008《实验室质量控制规范　食品理化检测》按不同浓度水平规定了回收率的偏差范围，见表4.2。

表4.2　方法回收率的偏差范围

浓度水平范围/(mg/kg)	回收率范围/%
>100	95～105
1～100	90～110
0.1～1	80～110
<0.1	60～120

注：本表引自GB/T 27404—2008。

GB/T 32465—2015《化学分析方法验证确认和内部质量控制要求》7.3.6 规定："残留物和污染物定量分析中，重复分析有证标准样品或参考物质，结果经回收率校正后的平均质量分数与接受参考值之间的偏差不能超过表 4.3（注：原标准为表 1）的规定。”

表 4.3　定量方法的最低正确度要求

浓度水平范围/（μg/kg）	回收率范围/%
<1	−50 ~ 20
1 ~ 10	−30 ~ 10
>10	−20 ~ 10

注：本表引自 GB/T 32465—2015。

NY/T 2887—2016《农药产品质量分析方法确认指南》规定了杂质分析和有效成分分析中，进行添加有证标准样品或参考物质的回收率实验，应满足表 4.4 和表 4.5 的要求。

表 4.4　杂质分析的回收率要求

杂质含量/%	回收率/%
>1	90 ~ 110
0.1 ~ 1	80 ~ 120
<0.1	75 ~ 125

注：本表引自 NY/T 2887—2016。

表 4.5　制剂中有效成分分析的回收率要求

杂质含量/%	回收率/%
>10	98 ~ 102
1 ~ 10	97 ~ 103
<1	95 ~ 105
0.01 ~ 0.1	90 ~ 110
<0.01	80 ~ 120

注：本表引自 NY/T 2887—2016。

在测定加标回收率时应考虑以下因素：

（1）最理想的偏倚评估是利用样品的基质匹配且浓度相近的有证标准物质（CRM）进行测试。标准物质应涵盖测量方法准备应用的水平范围内的每个水平上的特性值（如浓度、含量）。在某些情形中，测量方法在不同水平上的偏倚可能不相同。标准物质的基体宜与测量方法中被测物料的基体尽可能接近，例如煤中的碳和钢中的碳。整个试验应备齐足够数量的标准物质。标准物质的特性在全部试验过程中应尽可能保持稳定，容器在开启前和开启后都应按说明书所述的方式保存。特性的指定值与真值之间的任何可能差异用标准物质的不确定度表示，在这里给出的方法中不予考虑。

（2）如果合适的有证标准物质无法获得时，就须要寻找可替代的物质来评定偏倚。比如采用分析参考物质（RM）来评估回收率（假定基质与待测样品的基质匹配，目标物具有足够的代表性）。另外，经过协同检验检测机构和实验室确定了特征性的物质也可以用于评估偏倚，如能力验证样品或实验室比对样品。如果合适的 CRM 或 RM 都无法获得，则偏倚只能通过在基质空白中加入一系列浓度的目标物所得的回收率来评估。在这种情况下，回收率 R 可通过式（4.2）计算：

$$R = (C_1 - C_2)/C_3 \tag{4.2}$$

式中，C_1——加标之后测定的浓度；

C_2——加标之前测定的浓度；

C_3——加入目标物后的理论浓度。

（3）如果使用有证标准物质（CRM）证明了方法在某一浓度水平的正确度，并不代表该方法在整个线性范围各个浓度水平下均有相似的正确度。如非线性校准曲线，至少须要确认方法测量范围的最低浓度水平（定量限）、关注浓度水平和最高浓度水平的正确度和精密度，或在方法测定低限、2 倍方法测定低限和 10 倍方法测定低限进行三水平试验，必要时可增加确认浓度水平。考虑到不同检测批次之间的变化，如果可能的话，可采用覆盖整个浓度测试范围的不同试样评估偏倚。

（4）对于一些测试，如农残分析，检验检测机构和实验室可在已确认的空白样品中加入标样。如果无法获得空白样品，也可向含有痕量分析物的样品中加入标样。在这种情况下，偏倚可通过加标样品前后之差进行计算。但同时须要注意，加标样品中待测物的所得率会高于实际样品中待测物的所得率。例如，在饮用水中加入氟离子计算的回收率较为可靠，而在土壤中加入有机氯杀虫剂所计算的回收率则不能很好地反映真实样品的回收率，主要是因为被添加物与原样品本身就存在分析物质的萃取效率的差异。如果可能的话，加标回收数据须要提供多个平均值进行证明。

（5）无论何种情况，加标量均不得大于待测物含量的 3 倍（一般取 0.5～2 倍）；当样品中待测物浓度高于校准曲线的中间被测组分含量浓度时，加标量应控制为待测物浓度的半量。

检验检测机构和实验室发现存在偏倚（实验室偏倚）时，应核查存在偏倚的原因，采取纠正措施加以消除后重新研究正确度。如果不能消除偏倚，则应探讨将此偏倚作为实验室固定的系统误差，并以此修正检验检测/校准结果的可能性和实施方法。

3. 利用统计函数判断，如 *En* 值、变异系数 CV 值等

参见第四节方法确认的结果判定、报告描述的相关内容。

4. 通过能力验证或测量审核

通过能力验证或测量审核也可以很好地确认方法的正确度。

（二）精密度

精密度是指在规定条件下，对同一或类似被测对象重复测量所得示值或测得的量值间的一致程度。规定的条件是指：

重复性测量条件：相同测量程序、相同操作者、相同测量系统、相同操作条件和相同地点，并在短时间内对同一或相类似的被测对象重复测量的一组测量条件。

再现性测量条件：不同地点、不同操作者、不同测量系统，对同一或相类似被测对象重复测量的一组测量条件。

期间精密度测量条件：除了相同测量程序、相同地点，以及在一个较长时间内对同一或相类似的被测对象重复测量的一组测量条件外，还可包括涉及改变的其他条件，如新的校准、测量标准器、操作者和测量系统。对改变的条件应说明，应包括改变和改变的条件，以及实际改变到什么程度。

很多不同的因素（除假定相同的样品之间的差异外）都能够引起测量方法的结果变异，这些因素主要是以下几项。

（1）操作员。

（2）使用的设备。

（3）设备的校准。

（4）环境（温度、湿度、空气污染等）。

（5）试剂的批次。

（6）不同测量的时间间隔。

由不同操作员进行的测量和在不同设备上进行的测量，通常要比在短时间内由同一个操作员使用相同的设备进行测量产生的变异大。

精密度的两个条件，即重复性条件和再现性条件是必需的。在重复性条件下，上述所列的因素（1）～（6）皆保持不变，不产生变异，而在再现性条件下，这些条件都是变化的，能引起测试结果的变异。因此，重复性条件和再现性条件是精密度条件的两个极端情形。前者描述的是测试结果最小变异，而后者描述的是测试结果最大变异。在这两种极端条件之间的中间条件也是存在的，即因素（1）～（6）之中的一个或多个发生变化，即期间精密度测量条件。

最有可能影响测量方法精密度的4个因素是：

（1）时间：连续性测量的时间间隔是大还是小。

（2）校准：在连续的几组测量之间，同一设备是否经过重新校准。

（3）操作员：连续的测量是否由同一个或一组操作员完成。

（4）设备：在测量中是否使用同一设备（或同一批试剂）。

精密度取决于偶然误差（过失除外），包括重复性和再现性。通常用在规定测量条件下的标准偏差表示。

1. **重复性**

对于在重复性条件下进行的适当的测量数据，可用标准偏差（s）、方差（s^2）和概率分布函数等表示。

（1）实验室内方差 s_r^2，见式（4.3）：

$$s_r^2 = \frac{1}{n-1}\sum_{n=1}^{n}(x_i - \bar{x})^2 \tag{4.3}$$

式中，x_i——第 i 次测得值；

$\bar{x}$——n 次测量所得一组测得值的算术平均值；

n——测量次数。

（2）实验室间方差 s_L^2：按方法流程开展多个实验室间的测定，其测定次数严格依据方法规定次数，从而获得实验室间标准偏差，见式（4.4）：

$$s_L^2 = \frac{1}{m-1}\sum_{m=1}^{m}(x_i - \bar{x})^2 \tag{4.4}$$

式中，x_i——第 i 次测得值；

$\bar{x}$——m 次测量所得一组测得值的算术平均值；

m——测量次数。

（3）再现性标准差 s_R^2，见式（4.5）：

$$s_R^2 = s_r^2 + s_L^2 \tag{4.5}$$

由于个别检验检测机构和实验室或数据可能与其他检验检测机构和实验室或数据明显不一致，从而影响方差的估计，因此应对获得的数据进行检查，剔除离群值。GB/T 6379.2—2004《测量方法与结果的准确度（正确度与精密度）第2部分：确定标准测量方法重复性与再现性的基本方法》中给出了两种离群值的判断方法，即柯克伦检验和格拉布斯检验。柯克伦检验是对实验室内变异的检验，应该首先应用。若因此采取了任何行动，就有必要再次对剩下的数据进行检验。格拉布斯检验主要是对检验检测机构和实验室间变异的检验，也可用来对某单元的数据进行检验。检验得出离群值应被剔除，除非有充分的理由决定保留；歧离值一般仍然作为正确项目对待而保留，除非能用技术错误解释或它们来自某个离群检验检测机构和实验室。

重复性的测定通常应在自由度至少为6的情况下测定。假定样品基质类型（系列数）为 m，每系列测试样品数量 n，共进行 d 天检测，重复性和再现性自由度的计算见表4.6。

表 4.6　重复性和再现性自由度计算

系列量（*m*）	每系列测试中样品数（*n*）	重复性自由度	再现性自由度
1	7	6	不适用
2	4	6	7
3	3	6	8
6	2	6	11
m	n	$(n-1)\times m$	$n\times m-1$

注：此表引自 GB/T 27417—2017 附录 C。

例如，对 1 个样品测定 7 次，则 $m=1$，$n=7$，自由度为 $n-1=6$；

对 2 个样品，每个样品测定 4 次，则 $m=2$，$n=4$，自由度为 $n\times m-2=6$；

对 3 个样品，每个样品测定 3 次，则 $m=3$，$n=3$，自由度为 $n\times m-3=6$。

方法重复性可通过准备浓度与做方法回收率研究相近的样品（样品的准备可采用实际样品，也可采用添加了所需分析物的空白溶液样品），然后在较短的时间间隔内，由同一个分析员进行分析测定，剔除离群值后，并计算平均值、标准偏差。得到的标准偏差 s 除以平均值后的百分率即得到测试结果变异系数（CV 值）。

变异系数，又称“离散系数”（coefficient of variation），是概率分布离散程度的一个归一化量度，其定义为标准差与平均值之比。当须要比较两组数据离散程度大小时，如果两组数据的测量尺度相差太大，或者数据量纲不同，直接使用标准差来进行比较不合适，此时就应当消除测量尺度和量纲的影响，而变异系数可以做到这一点。在进行数据统计的常规分析时，如果变异系数大于 15%，则考虑该数据可能不正常。NY/T 2887—2016《农药产品质量分析方法确认指南》中规定：“重复性试验应至少进行 5 次样品测定，并计算测定结果的相对标准偏差，相对标准偏差应小于 $2^{(1-0.5\log C)}\times 0.67$，其中 C 为样品中有效成分含量，以小数计（如 90%，$C=0.9$）。”

不同含量测试结果的实验室内变异系数值可参考表 4.7 进行评价。

表 4.7　实验室内变异系数

被测组分含量	实验室内变异系数（CV）/%
0.1 μg/kg	43
1 μg/kg	30
10 μg/kg	21
100 μg/kg	15
1 mg/kg	11
10 mg/kg	7.5
100 mg/kg	5.3
1000 mg/kg	3.8

续表

被测组分含量	实验室内变异系数（CV）/%
1%	2.7
10%	2.0
100%	1.3

注：本表引自 GB/T 27404—2008 附录 F.2。

2. **再现性**

在再现性条件下进行的适当的测量数据可表示为标准偏差（s）、方差（s^2）和概率分布函数。再现性标准偏差可通过一系列多个样品获得，或多个系列测定结果的合成标准偏差进行计算。测试的自由度可通过系列量和每系列中样品数量进行计算。

如果一个估计量是 n 个独立估计量的和或差，每个估计量的标准差均为 s，则和或差的标准差为 $s\sqrt{n}$。再现性限 R 和重复性限 r 均为 2 个测试结果之间的差，因而相应的标准差为 $s\sqrt{2}$。在常规的统计工作中，为了检查 2 个测试结果之间的差异，往往用这个标准差的 f 倍作为临界差，临界差系数 f 的值依赖于与临界差相应的概率水平及测量结果所服从的分布。对重复性限和再现性限，概率水平规定为 95%。假定基本分布是近似正态的。对正态分布，95% 的概率水平下，$f=1.96$，因此，$f\sqrt{2}=2.77$，修约为 2.8，即：在对重复性条件或再现性条件下得到的 2 个单一测试结果进行检验时：

重复性限：$r=2.8s_r$，

再现性限：$R=2.8s_R$。

如果测试方法是用于对一系列样品类型进行测定，如不同分析物浓度或样品基质，则精密度的评估需要选择每个类型代表性的样品进行测定。比如：由于一个方法的精密度通常会随着分析物浓度的降低而变得较差。再现性的确认应尽可能涵盖时间、人员、检测中使用的试剂和消耗品、环境条件、其他不可控的微小因素的影响。

二、对影响结果的因素进行系统性评审

确认分析系统适应性的目的是确定分析系统是否能够满足分析测试的要求，以及是否能满足执行特定检测过程的要求。检验检测机构和实验室应详细研究拟采用方法所要求的相关条件，最终确定适合分析的样品范围和目标组分种类及其含量范围。

（一）方法的选择性

分析方法的选择性（selectivity）是指在指定的测量准确度下，该分析方法不受样品中基体共存物质干扰的程度。换句话说，方法的选择性是指在样品介质中有其他组分共存时，该分析方法对供试物质准确而专属的测定能力。它与专属性（specificity）

的含义稍有不同。专属性是指一种方法仅对一种分析成分产生唯一信号，如某些色谱分析，选择性则可对多种化学成分产生不同响应，而主要成分的响应可与其他响应区分。由于少有方法仅对目标物有响应，因此对方法选择性的评价更适用。所使用的方法的选择性越高，干扰因素影响就越少。因此，方法的选择性是该方法用于复杂样品分析时相互干扰程度的量度，是衡量分析方法一个非常重要的标志。

一般情况下，分析方法在没有重大干扰的情况下应具有一定的选择性。考察一个分析方法的选择性时，应着重考虑基质成分、杂质、降解产物、代谢物、相关化合物以及制剂辅料等其他组分是否对被测物的测定有干扰。一般通过添加上述物质的样品与未曾添加的样品所得分析结果进行比较而确定。

实验室可联合使用但不限于下述两种方法检查干扰：

——分析一定数量的代表性空白样品，检查在目标分析物出现的区域是否有干扰（信号、峰等）；

——在代表性空白样品中添加一定浓度的有可能干扰分析物定性和/或定量的物质。

要确定所有的潜在干扰物是不切实际的，确认人员要利用知识和经验考虑最相关的情况。如果证明方法受到了干扰物的干扰，则应进一步研究消除干扰的方法，确定方法的使用条件。

（1）采取诸如添加掩蔽剂、化学反应剂等措施消除干扰。

（2）如果判断该干扰的影响较小，且不会影响结果的正确度，则可忽略干扰，不用采取措施消除干扰。

（3）如果评估表明干扰可定量测定，则可将干扰的影响作为方法偏倚，使用此偏倚校正检测结果。

（4）如果评估表明干扰较多，测试结果不稳定，没有可行的干扰消除方法，则方法选择性较差，应慎重使用。

原创方法应进行方法选择性确认，明确给出方法干扰及浓度范围。NY/T 2887—2016《农药产品质量分析方法确认指南》规定，有效成分分析方法确认应报告杂质的干扰程度。在色谱分析中，杂质干扰不能超过测定的有效成分峰面积的3%。GB/T 35656—2017《化学分析方法验证确认和内部质量控制实施指南 报告定性结果的方法》中指出，对于常量化学分析，分析误差应控制在5%以内。

例1：分光光度法测铁离子含量时，锌离子的干扰实验［此例引自GB/T 35656—2017附录C（资料性附录）干扰试验及消除干扰的示例］

在相同含量的铁标准溶液中，定量加入干扰元素七水合硫酸锌，构成干扰元素锌浓度系列，考察对铁含量测定的影响。

按照方法的要求，使用铁标准溶液，制作工作直线，得到回归方程为 $A=0.2018c+$

0.0053（A 为吸光度，c 为铁含量，单位为 μg/mL，相关系数 $r=0.9999$）。在铁含量为 2.0 μg/mL 的样品中，分别添加浓度为 0.0 μg/mL、10.0 μg/mL、20.0 μg/mL、30.0 μg/mL 和 40.0 μg/mL 的锌溶液。按照方法规定检测样品的吸光度。以未添加锌溶液的样品吸光度为参照，计算添加锌溶液后样品吸光度的变化。结果见表 4.8。

表 4.8　添加锌溶液样品的吸光度

序号	1	2	3	4	5
铁含量/（μg/mL）	2.0	2.0	2.0	2.0	2.0
锌含量/（μg/mL）	0.0	10.0	20.0	30.0	40.0
吸光度（A）	0.410	0.411	0.409	0.407	0.330
相对误差/%	—	0.24	−0.24	−0.73	−19.51

通常，对于常量化学分析，分析相对误差应控制在 5% 以内。表 4.8 的结果表明，样品吸光度随干扰元素浓度增加而减少，当干扰元素的浓度达到 40.0 μg/mL 时，相对误差达到了 −19.51%，说明当锌浓度在 30～40 μg/mL 的某个浓度，干扰即不可接受。

为了进一步确认误差超过 5% 的浓度点，在样品中添加锌溶液含量分别为 0.0 μg/mL、30.0 μg/mL、32.0 μg/mL、34.0 μg/mL、36.0 μg/mL、38.0 μg/mL 和 40.0 μg/mL 后，检测铁含量，计算吸光度误差，结果见表 4.9。

表 4.9　添加不同浓度锌溶液后样品的吸光度

序号	1	2	3	4	5	6	7
铁含量/（μg/mL）	2.0	2.0	2.0	2.0	2.0	2.0	2.0
锌含量/（μg/mL）	0.0	30.0	32.0	34.0	36.0	38.0	40.0
吸光度（A）	0.410	0.407	0.404	0.400	0.386	0.358	0.330
相对误差/%	—	−0.73	−1.46	−2.44	−5.85	−12.68	−19.51

表 4.3 表明，当锌的浓度达到 36.0 μg/mL 时，相对误差即超过了 5%。据此确定，该方法适用于锌的浓度低于 36.0 μg/mL 时的情况。

例 2：用微库仑法方法测定化学剂中有机氯离子含量

方法原理：应用微库仑仪，样品经过温度为 800 ℃～1000 ℃的裂解管燃烧分解，有机氯转变为无机氯，在滴定池中与银离子反应。反应消耗的银离子由发生电极电生补充，通过测量电生银离子消耗的电量，根据法拉第定律即可求得氯离子含量。

试样中的氯离子在滴定池中的反应如下：

$$Cl^- + Ag^+ \longrightarrow AgCl$$

通过实验原理分析认为，硫酸根离子 SO_4^{2-} 能够与银离子 Ag^+ 发生反应，消耗体系中的 Ag^+，形成干扰，从而使测试结果偏高。为了验证硫酸根离子对氯离子的测定产生干扰的量，对硫酸根的存在设计如下实验。

称取 2 g 分析纯硫酸钠，配制成硫酸钠溶液，将其稀释到硫酸根浓度 5～1000 mg/L 一系列样品，按方法规定进行氯离子含量测定实验。结果见图 4.2。

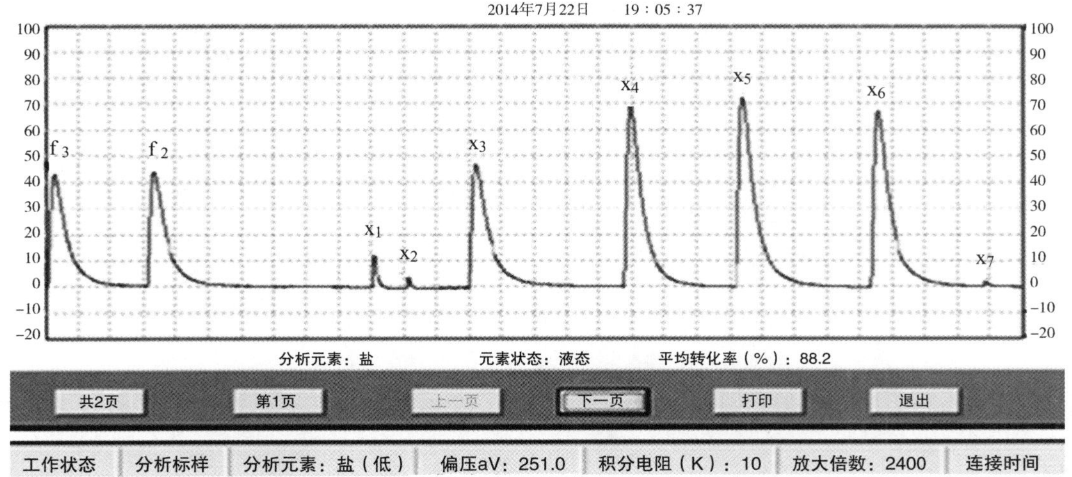

图 4.2　微库仑仪测试硫酸钠溶液的信号

实验结果表明，硫酸根离子含量在 750 mg/L 时开始出现峰，图 4.2 中的峰号为 x_1、x_2、x_7，并且衰减得很快，换算成氯离子的含量很小，分别为 0.071 mg/L、0.051 mg/L、0.01 mg/L。用离子色谱分析硫酸钠样品，结果显示其中含有少量的氯离子，与库仑法测试结果一致，分析认为是纯硫酸钠样品中含有的微量氯离子产生的现象，并非是硫酸根离子出峰，因此得出结论："当硫酸根离子浓度小于 1000 mg/L 时，硫酸根离子不会干扰氯离子含量的测试，不需要采取掩蔽措施。"

（二）方法的线性范围及测量范围

线性范围是指呈线性的测试物浓度的变化范围，在其最大量与最小量之间，取得精密度、准确度均符合要求的试验结果。对于分析方法而言，用线性计算模型来定义仪器响应与浓度的关系，该计算模型的应用范围即线性范围，是某一方法的校准曲线的直线部分所对应的待测物质的浓度（或量）的变化范围。校准曲线示意图见图 4.3。

当使用校准曲线来测量物质浓度时，仪器响应与浓度并非在所有浓度范围内都呈线性关系，在高浓度范围时，粒子间的平均距离减小，受粒子间电荷分布相互作用的影响，它们的摩尔吸收系数发生改变，会导致曲线偏离。溶质和溶剂的性质也会导致曲线斜率发生变化。

线性范围的确定可用作图法（响应值 Y/浓度 X）或计算回归方程（$Y = a + bx$）来建立，通常可参照相关国家标准或国际标准，尽量满足如下要求：

（1）采用校准曲线法定量，至少具有 6 个校准点（包括空白），浓度范围尽可能覆

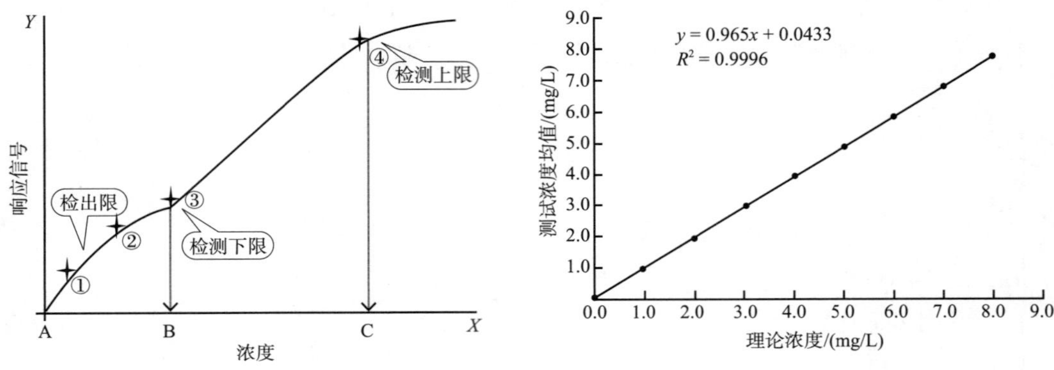

图 4.3　校准曲线示意图

盖一个或多个数量水平，每个校准点至少以随机顺序重复测量 3 次或更多；对于准确定量的方法，线性回归方程的相关系数不低于 0.997。对于某些方法，如能量色散型 X 射线荧光光谱法（EDXRF），在实际工作中，有时难以找到 6 个同基质的有证标准物质（CRM），但至少应包括高、中、低 3 个浓度水平。针对金属类基质的样品，一般采用基本参数法（FP 法）代替校准曲线法，这种情况下，测量范围验证无法通过线性范围的验证来进行。

（2）一般情况下，标准曲线的最低值和最高值是包含在线性范围内的。不同人绘制的标准曲线所取的最低值和最高值也可能不同。例如，A 绘制 6 个点的标准曲线所选择的标准样品的浓度分别为：0、5、10、15、20，那么最低值和最高值分别为 0 和 20，而对于特定的检测物质来说，它的线性范围可能不止这些，可能远大于绘制标准曲线所选择的浓度范围。在建立一个新方法的时候，通常可以通过文献查到这些物质的线性范围，如果不了解该物质在特定条件下的线性范围，可通过曲线的相关系数判断选取的点是否在线性范围内，即线性回归方程的相关系数不低于 0.997，光谱类分析设备的定量方法的相关系数一般能达到 0.995 以上。对 ICP-OES，其相关系数一般能达到 0.999 以上。

（3）曲线标准点应尽可能均匀地分布在关注的浓度范围内，并能覆盖该范围。在理想的情况下，不同浓度的标准溶液应独立配制，低浓度的标准点不宜通过稀释标准曲线中高浓度的标准点进行配制。

（4）方法的测量范围应覆盖方法的最低浓度水平（定量限）和关注浓度水平；至少要确认方法测量范围的最低浓度水平（定量限）、关注浓度水平和最高浓度水平的正确度和精密度，必要时可增加确认浓度水平。浓度范围一般应覆盖关注浓度的 50%～150%，如须做空白时，则应覆盖关注浓度的 0%～150%。对于禁用物质，添加水平一般可为 1 倍、2 倍和 10 倍方法定量限。对于允许使用物质，添加水平一般为 0.5 倍、1 倍和 2 倍允许限量。NY/T 2887—2016《农药产品质量分析方法确认指南》中规定：

“被测组分响应的线性范围，至少应涵盖该组分测定浓度的 ±20% 。”

（5）应充分考虑可能的基质效应影响，排除其对校准曲线的干扰。应提供文献或实验数据，说明目标分析物在溶剂中、样品中和基质成分中的稳定性，并在方法中予以明确。通常各种分析物在保存条件下的稳定性都已有很好的研究，监测保存条件应作为常规确认系统的一部分。对于缺少稳定性数据的目标分析物，应提供能分析其稳定性的测定方法和确认结果。

（6）应确定校准曲线是否稳定，即在不同时间，重复绘制同一条曲线。

（7）线性度及其对检测结果影响的研究内容包括：线性范围、工作范围、校准函数拟合及检验等研究。

（8）如果一条校准曲线在最低浓度到最高浓度范围内不能满足相关要求，可考虑分多段作校准曲线。

例 3： 单波长 X 射线荧光光谱法测氯离子含量校准曲线影响确认

单波长 X 射线荧光光谱法检测总氯含量原理：单波长 X 射线光束聚集在样品池中的检测样品上，激发样品中氯元素 K 层电子跃迁。氯元素所发射出的在 0.473 nm（4.73Å）处的荧光性 K_α 放射物通过一个固定的单色仪（分析器）收集，所收集的 X 射线强度（计数/s）通过一个 X 射线检测器测量，通过校准方程转换成检测样品的总氯浓度（mg/kg）。

（1）分析不同溶剂对校准曲线的影响

以有机物氯代苯为溶质，分别以水∶无水乙醇 = 1∶1、200#溶剂油、95% 乙醇、甲苯为溶剂配制溶液，按方法规定绘制曲线见图 4.4。

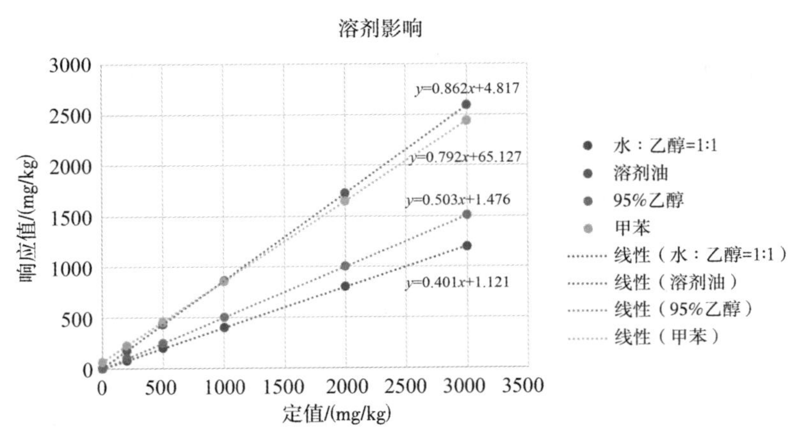

图 4.4　溶剂对仪器响应值的影响

由图 4.4 可知，当溶质相同，使用不同的溶剂时，曲线的斜率不同，对结果影响较大。说明溶剂组分的分子结构相差越大，仪器响应差别越大。

（2）分析不同溶质对校准曲线的影响

以水∶无水乙醇 =1∶1 为溶剂，分别以选择有机和无机化合物氯化钠、氯代苯、二氯甲烷、氯化钠∶氯苯 =1∶1 为溶质配制溶液，按方法规定绘制曲线见图 4.5。

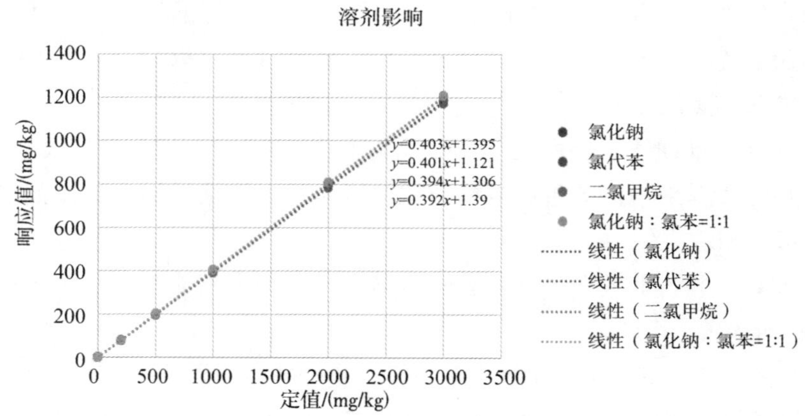

图 4.5　溶质对仪器响应值的影响

由图 4.4 可知，当溶剂相同，使用不同的溶质时，曲线基本重合。说明在用单波长 X 射线荧光法测氯元素含量时，氯元素以何种形式存在对检测结果影响不大，但存在于何种基质中却很重要。

（三）检出限和定量限

检出限是评价一个分析方法及测试仪器性能的重要指标。通常情况下，只有当目标分析物的含量在接近于“零”的时候才需要确定方法的检出限（LOD）或定量限（LOQ）。当分析物浓度远大于检出限（LOD）或定量限（LOQ）时，没有必要评估方法的 LOD 或 LOQ。但是对于那些浓度接近于 LOD 与 LOQ 的痕量和超痕量检测，并且报告为“未检出”时，或需要利用检出限或定量限进行风险评估或法规决策时，实验室应确定 LOD 和 LOQ 。不同的基质可能需要分别评估 LOD 和 LOQ。

1. 检出限

1947 年，德国人 H. kaiser 首次提出了有关分析方法检出限的概念，并提出检出限和分析方法的精密度、准确度一样，也是评价一个分析方法测试性能的重要指标。国际纯粹与应用化学联合会（IUPAC）1997 年通过、1998 年发表的《分析术语纲要》（*IUPAC Compendium of Analytical Nomenclature*）中规定：“检出限以浓度（或质量）表示，是指由特定的分析步骤能够合理地检测出的最小分析信号 X_L 求得的最低浓度 C_L（或质量 Q_L）”。检出限计算见式（4.6）：

$$C_L = ks_b/b \tag{4.6}$$

式中，C_L——检出限；

s_b——空白标准偏差，IUPAC 规定应通过实验以足够多的测定次数求出，譬如 20 次；

b——分析校准曲线在低浓度范围内的斜率；

k——置信因子，一般取 $k=2$ 或 $k=3$，对于严格的单侧高斯分布 $k=3$ 对应的置信度为 99.73。

对于多数现代的分析方法来说，检出限（LOD）可分为两个部分：仪器检出限（Instrumental Detection Limit，IDL）和方法检出限（Method Detection Limit，MDL）。

（1）仪器检出限（IDL）：为用仪器可靠地将目标分析物信号从背景（噪声）中识别出来时分析物的最低浓度或量，该值表示为仪器检出限。随着仪器灵敏度的增加，仪器噪声也会降低，相应 ILD 也降低。仪器检出限的物理含义为：在一定的置信范围内能与仪器噪声相区别的最小检测信号对应的待测物质的量。

仪器检出限表征当仪器处于稳定状态时，仪器本身存在的噪声引起测量读数的漂移和波动。仪器检出限的水平可对同类仪器之间的信噪比、检测灵敏度、信号与噪声相区别的界限及分析方法进行测量所能达到的最低限度等方面提供依据。仪器检出限不考虑任何样品制备步骤的影响，一般以溶剂空白测定检出限，因此其值总是比方法检出限低。

（2）方法检出限（MDL）：为用特定方法可靠地将分析物测定信号从特定基质背景中识别或区分出来时分析物的最低浓度或量。即 MDL 就是用该方法测定出大于相关不确定度的最低值。确定 MDL 时，应考虑到所有基质的干扰。

方法的检出限（MDL）不宜与仪器最低响应值相混淆。使用信噪比可用来考察仪器性能但不适用于评估方法的检出限（MDL）。方法检出限不但与仪器噪声有关，而且还决定于方法全部流程的各个环节，如取样、分离富集、测定条件优化等，即分析者、环境、样品性质等对检出限均有影响，其决定了方法全过程所带来的误差总和。实际工作应说明获得方法检出限的具体条件。为了能反映分析方法在整个分析处理过程的误差，可采用已知结果的标准物质或样品按照分析步骤进行测量，通过分析已知结果的实际样品来计算方法检出限，计算公式见式（4.7）：

$$D_L = ks_1 C/\overline{X} \tag{4.7}$$

式中，D_L——方法检出限；

s_1——样品测量读数的标准偏差；

$\overline{X}$——样品测量读数的平均值；

k——置信因子，一般取 $k=2$ 或 $k=3$；

C——样品含量值。

2. 确定检出限的方法

确定检出限的方法很多，如目视评价法评估检出限、空白标准偏差法评估检出限、校准方程的适用范围评估检出限、信噪比法评估检出限等，应尽可能地研究所有表示方法，比较结果，选择最佳的方法确定检出限。值得注意的是，如果样品经过前处理后，前处理液的体积与样品目标组分含量存在倍数关系，不能简单地用样品前处理液的最低检出浓度表示检出限。除下面所列方法外，其他方法也可以使用。

（1）目视评价法评估检出限

目视评价法是通过在样品空白中添加已知浓度的分析物，然后确定能够可靠检测出分析物最低浓度值的方法。

对于定性方法来说，低于临界浓度时，选择性是不可靠的。该临界值会随着试验条件中的试剂、加标量、基质等不同而变化。确定定性方法的检出限时，可以通过往空白样品中添加几个不同浓度水平的标液，在每个水平分别随机检测 7 次，记录检出结果（阳性或阴性），绘制样品检出的阳性率（%）或阴性率（%）对添加浓度的曲线，临界浓度即为检测结果不可靠时的拐点。GB/T 35656—2017《化学分析方法验证确认和内部质量控制实施指南 报告定性结果的方法》规定，一般情况下，假阴性率应控制在 5% 以内，假阳性率应控制在 15% 以内。

例 4：某化合物中淀粉含量的定性检出实验，结果见表 4. 10。

表 4. 10　定性方法确定临界值

待测物淀粉浓度值/（μg/g）	重复次数/次	阳性/阴性检出次数/（次）
200	10	10/0
100	10	10/0
75	10	5/5
50	10	1/9
25	10	0/10

根据表 4. 10 的实验结果和预期的准确度要求，可判定该方法的检出限为 100 μg/g，也可以在此浓度范围再细分，得出更精确的检出限。

例 5：化学剂中有机氯离子含量测定，通过空白试样加标准物质，测定回收率，结果见表 4. 11。

表 4. 11　化学剂中有机氯离子含量收率试验数据

<table>
<tr><th>平行样</th><th>理论值/%</th><th>仪器读值/（mg/L）</th><th>平均值/（mg/L）</th><th>回收率/%</th><th>平均回收率/%</th></tr>
<tr><td rowspan="2">1</td><td rowspan="4">0. 1000</td><td>95. 61</td><td rowspan="2">95. 53</td><td rowspan="2">95. 53</td><td rowspan="4">95. 49</td></tr>
<tr><td>95. 44</td></tr>
<tr><td rowspan="2">2</td><td>95. 21</td><td rowspan="2">95. 44</td><td rowspan="2">95. 44</td></tr>
<tr><td>95. 66</td></tr>
</table>

续表

平行样	理论值/%	仪器读值/（mg/L）	平均值/（mg/L）	回收率/%	平均回收率/%
1	0.05000	47.28	47.24	94.48	94.44
		47.20			
2		47.16	47.20	94.40	
		47.23			
1	0.01000	9.21	9.21	92.10	91.70
		9.25			
2		9.17	9.13	91.30	
		9.09			
1	0.00500	4.51	4.52	90.40	90.20
		4.53			
2		4.51	4.50	90.00	
		4.49			
1	0.00250	2.19	2.16	86.40	86.80
		2.13			
2		2.16	2.18	87.20	
		2.20			

根据表4.11的实验结果和预期的准确度要求，当有机氯含量理论值在0.005%以上时，回收率达到90%；当有机氯含量低于0.005%时，回收率低于90%。因此，将方法检出限定为0.005%。

（2）空白标准偏差法评估检出限

使用方法给出的程序，检测试剂空白、不含目标组分的样品空白和标准溶液空白，以了解因试剂、基质、器皿等因素所导致的污染情况。对这些污染情况加以评估，采取措施确保由于污染所导致的背景值足以低至可接受的水平。

通过分析大量的样品空白或加入最低可接受浓度的样品空白来确定检出限。独立测试的次数应不少于10次（$n \geqslant 10$），计算出检测结果的标准偏差（s），计算方法参见表4.12。

表4.12　定量检测中检出限的表示方法

试验方法	检出限的表示方法
1）样品空白独立测试10次[a]	样品空白平均值 +3 s（值适用于标准偏差值非零时）
2）加入最低可接受浓度的样品空白独立测试10次[a]	0 +3 s
3）加入最低可接受浓度的样品空白独立测试10次	样品空白平均值 +4.65 s（此模型来自假设检验）

注1："最低可接受浓度"为在所得不确定度可接受的情况下所加入的最低浓度。

注2：假设实际检测中样品和空白应分别测定，且通过样品浓度扣减空白信号对应的浓度进行空白校正。

a：仅当空白中干扰物质的信号值高于样品空白值的3 s的概率远小于1%时适用。

此表引自GB/T 27417—2017。

该方法适用于有读数的试剂空白，如容量分析、重量分析、光谱法［注：可适用于紫外可见分光光度法（UV－VIS）、原子吸收光谱法（AAS）、原子荧光光谱仪（AFS）、电感耦合等离子体发射光谱仪（ICP－OES）、能量色散型X射线荧光光谱法（EDXRF），也适用于电感耦合等离子质谱法（ICP－MS）等］。

注意事项

①采用样品空白来评估方法检出限时，由于样品空白不含有目标物质，一种简化的计算方法也可将平均值视为0，即直接用3 s为检出限。

②进行样品空白的测试时，须要避免在过程中引入污染，偶然的污染可能发生在10次独立测试中的某一次，在使用这些测试结果进行方法检出限统计计算时，应注意鉴别，必要时，应进行离群值的剔除。

③当无法获得带有基质的样品空白时，可以使用试剂空白来评估方法检出限。但采用试剂空白的方式，容易获得比实际方法检出限更小的方法检出限。

④如果用试剂空白来评估方法检出限时，某些仪器方法，如UV－VIS和AFS，其试剂空白所获得的标准偏差非常接近0。此时，一般可在试剂空白中加入低浓度（如方法中规定的方法检出限所对应的浓度水平）的目标物质，通过对该加标样品的重复测量结果来计算标准偏差s，获得最终方法检出限。

⑤采用能量色散型X射线荧光光谱法（EDXRF）进行测定的方法存在明显的基质效应，一般采用与样品相同的基质样品空白进行评估。

例6：用某荧光法测定，利用仪器空白测定检出限

空白测定10次，空白平均值$x_0=11.4$ ng，空白标准偏差$s_0=1.3$ ng，此处空白值较高，应扣减空白，则检出限$D=x_0+4.65s=11.4+4.65\times1.3=17.4$ ng。

如果没有合适的空白可采用接近空白，模拟空白等。如果空白的仪器响应为0，可以人为地加入待测物质以获得空白的标准偏差，这时加入量必须低，因为我们认为低的加标样品跟空白的统计属性一致。一般测定2组，每组7个重复的低浓度加标样品，然后用F检验考察2个加标样品的标准偏差，如果没差异，就把2个标准偏差合并作为空白的标准偏差。空白测定次数要足够，由于我们考察的是空白的统计分布，所以必须要有足够的测定次数。同时，不仅要考察单日空白多次测定的变动性，也要考虑不同日多次空白测定的变动性。

样品空白值的平均值和标准偏差均受样品基质的影响，因此最低检出限也因受样品基质种类的影响而不同。分析方法检出限多采用的是一系列标准物质，基体大致相同，因此只能是一个类型样品的平均检出限，并非严格适用于单个样品，实际上，样品检出限可能要比方法检出限大得多。当被测样品种类变化或测定所用试剂和环境发生变化时，即使使用同一分析方法，样品检出限也可能相差很大。

在痕量分析时，测量结果的可靠性在很大程度上取决于空白值的大小及空白值的

波动情况。设 W_t 代表被测样品的总值，W_b 代表空白值，则被测组分的含量（$W_t - W_b$）与检测可靠性的关系如表4.13所示（表中“s_0”为测定分析空白时的标准偏差）。

表4.13　被测组分含量分析的可靠性

被测组分含量（$W_t - W_b$）	可靠性
$<3s_0$	可疑检测范围，不接受，报告为未检出
$3s_0$	检出下限，可判断定性检出
$3s_0 - 10s_0$	定量检出，但可靠性不高，报告为定性检出
$>10s_0$	定量检出范围，报告定量结果

对于单个样品确定检出限，必须是固定样品基体，即样品检出限的确定应使用样品本身，采取标准加入法做出和方法检出限类似的方法进行计算。如果利用此条件进行符合性判定，则须定期用实际检测数据更新精密度的数值。

（3）校准方程的适用范围评估检出限

如果在检出限或接近检出限的样品数据无法获得时，可利用校准方程的参数评估仪器的检出限。在低浓度范围内选3个浓度（c_1、c_2、c_3），对每个浓度水平分别重复测定，求出各浓度水平的标准偏差 s_1、s_2、s_3，用线性回归法作出拟合曲线，延长该线与纵坐标相交于 s_0（浓度为零时空白样品的标准偏差）。$3s_0$ 则定义为方法检出限。换句话说，如果用空白平均值加上空白的3倍标准偏差，仪器对于空白的响应即为校准方程的截距 a，仪器响应的标准偏差即为校准的标准误差（$S_{y/x}$），利用式（4.8）外推法获得检出限：

$$y_{\mathrm{LOD}} = a + 3S_{y/x} = a + bx_{\mathrm{LOD}} \tag{4.8}$$

则

$$x_{\mathrm{LOD}} = 3S_{y/x}/b \tag{4.9}$$

此方程可广泛应用于分析化学。然而由于此方法为外推法，所以当浓度接近于预期的检出限时，结果就不如由实验得到的结果可靠，因此建议分析浓度接近于检出限的样品，应确证在适当的概率下被分析物能够被检测出来。

（4）信噪比法评估检出限

对于定量方法来说，由于仪器分析过程都会有背景噪声，常用的方法就是利用已知低浓度的分析物样品与空白样品的测量信号进行比较，确定能够可靠检出的最小的浓度。典型的可接受的信噪比是2∶1或3∶1。即用已知浓度的样品与空白试验对照，记录测得的被测样品信号强度 S 与噪声（或背景信号）强度 N，以能达到 $S/N=2$ 或 $S/N=3$ 时的样品最小的浓度为检出限。

例7：用色谱法测定物质单体检出限。适用于液相色谱（LC）、气相色谱（GC）、液相色谱－质谱联用仪（LC－MS）、气相色谱－质谱联用仪（GC－MS）

信噪比法一般采用峰/峰（peak to peak），即以目标分析物峰高为信号值，与一段噪声的平均高度值之比进行计算，比值为 2 或 3 时，该目标分析物信号值对应的浓度值为检出限。通常以 3 倍的方法检出限作为方法定量限。

仪器噪声的最大信号峰高 $N=1.0$ nm，注入 $C=0.5$ μg 的标准样品，仪器响应值为 $A=12$ nm。

按 $S/N=3$ 计算，$S=3\times1.0=3$ nm

则得出：$\text{LOD}=SC/A=3\times0.5/12=0.125$ μg。

有些方法研究给出检出限的计算方法，如某些分光光度法检出限为扣除空白值后，吸光度为 0.01 所对应的浓度。某些离子选择电极法规定：当校准曲线的直线部分外延的延长线与通过空白电位且平行于浓度轴的直线相交时，其交点所对应的浓度值即为该离子选择电极法的检出限。

例 8：利用分光光度法测定食品中镉离子的含量

对全试剂空白进行 7 次平行测定，空白吸光度平均值 $A_0=0.03$，测定 $C=0.25$ μg 的标准镉溶液吸光度 $A_1=0.023$，按相关研究给出的分光光度法检出限对应的吸光度为 $A_L=0.01$ 计算：

$\text{LOD}/A_L=C/(A_1-A_0)$

则得出：$\text{LOD}=A_LC/(A_1-A_0)=(0.01\times0.25)/(0.023-0.003)=0.125$ μg。

3. **定量限**

与检出限（LOD）相类似，定量限（LOQ）也可以分成两个部分：仪器定量限（IQL）和方法定量限（MQL）。

（1）仪器定量限（IQL）可定义为仪器能够可靠地检出并定量被分析物的最低量。

（2）方法定量限（MQL）可定义为在特定基质中，在一定可信度内，用某一方法可靠地检出并定量被分析物的最低量。

定量限的确定方法与检出限类似。定量限的确定主要是从其可信性考虑，如测试是否基于法规要求、目标测量不确定度和可接受准则等。通常建议定量限的确定方法是：

——将空白 x_0 加上 10 倍的重复标准差 s_0 作为定量限（$\text{LOQ}=x_0+10s_0$）；

——3 倍的检出限（取与上一条相比两者较大的数）；

——为了使数据更可信，定量限可用 10 倍检出限来表示；

——高于方法确认中使用最低加标量的 50%。

在某一特定测试领域，如果其他因素可以应用，那么检验检测机构和实验室应当将那些现行的因素考虑在内。

例 9：离子选择电极法测氨氮含量

使用离子选择电极法，仪器生产商声称其仪器可以检出 0.05 mg/L 的氨氮含量，使用3个标准溶液，浓度分别为1 mg/L、5 mg/L和10 mg/L。将声称的仪器检出限0.05mg/L乘以5即0.25 mg/L作为最初的“最低浓度值”（也可根据经验值、仪器性能及可靠度，选择浓度值为0.05～0.25 mg/L），测定结果列于表4.14。

表4.14　离子选择电极法测氨氮含量

序号	测量结果/（mg/L）	回收率/%
1	0.20	80
2	0.21	84
3	0.22	88
4	0.22	88
5	0.24	96
6	0.21	84
7	0.23	92
平均值：0.22		
标准偏差 s：0.013		
方法检出限 LOD = 0.013 × 3 = 0.039 mg/L		
方法定量限 LOQ = 10s = 10 × 0.013 = 0.13 mg/L		

使用校准曲线测定时，样品的定量结果应在标准曲线范围内，不准外推计算，外推结果没有经过方法学验证，无法确定其准确性。样品太浓则应稀释，太稀则应浓缩，使之落在标准曲线范围内。另外，在某些特定测试领域中，检验检测机构和实验室也可根据行业规则使用其他参数。特定的基质和方法，其定量限可能在不同检验检测机构和实验室之间或在同一个检验检测机构和实验室内由于使用不同设备、技术和试剂而有差异。

在日常检测过程中，检出限的确定和利用对检验检测机构和实验室报出准确检测结果和规避风险具有十分重要的意义。实验室评估出方法检出限后，可参照以下三种情况利用检出限：

（1）如检出限等于或略小于所规定或预期的检出限，则仍采用规定或预期值；

（2）如检出限显著偏低并被多次测定证实其稳定性很好，也可改用此实测值；

（3）如检出限大于方法的规定或预期值，则表明空白试验值不合格，应找出原因并加以改正，直至小于等于规定或预期值，否则确认不通过。

三、通过改变受控参数来检验方法的稳健度

稳健度是指实验条件变化对分析方法的影响程度。这些条件在方法中规定，或根据规定稍加改动，包括样品种类、基质、保存条件、环境或样品制备条件等。所有在

实践中可能影响分析结果的实验条件（例如：试剂稳定性、样品组成、pH、温度等）的任何变化都应当指明。

稳健度可通过采用有证标准物质或均匀的质控样（QC），改变方法某些试验条件，引入预先设计好的微小的合理变化因素，采用单因子评价法，也就是每次只变化一个参数，评估该参数的变化对于方法的影响。

分析稳健度时，应关注以下内容：

（1）需选择样品预处理、净化、分析过程等可能影响检测结果的因素进行预实验。这些因素可以包括分析者、试剂来源和保存时间、溶剂、标准和样品提取物、加热速率、温度、pH 值，以及许多其他可能出现的因素。不同检验检测机构和实验室间这些因素可能有一个数量级的变化。因此应对这些因素做适当修改以符合实验室的具体情况。

（2）确定可能影响结果的因素，对各个因素稍作改变。宜采用正交试验设计进行稳健度试验。

（3）一旦发现对测定结果有显著影响的因素，应进一步实验，以确定这个因子的允许极限。对结果有显著影响的因素应在标准方法中明确地注明。

（4）试验前一般需要通过查询相关文献，以便了解和掌握影响检测结果的几个关键因素。

例 10：破乳剂加量对脱水量的影响分析

固定脱水温度、脱水时间等实验条件不变，考察不同样品、不同实验用原油中破乳剂加量对脱水量的影响，结果见表 4. 15。

表 4. 15　不同加药量的标样脱水量

药剂加量/（mg/L）		100			150			200		
脱水量/mL		1	2	平均	1	2	平均	1	2	平均
1#油样，含水 26 mL	样品 A	19	19	19	23	24	23. 5	25	25	25
	样品 B	20	22	21	24	25	24. 5	25	26	25. 5
2#油样，含水 28 mL	样品 A	22	22	22	26	26	26	27	28	27. 5
	样品 B	24	24	24	27	26	26. 5	28	28	28

由此可见，当样品加药浓度超过 150 mg/L 时，脱水量基本稳定，并且随着加药浓度的继续增加，相对脱水量变化不大。因此，为保证方法的稳健度，将方法的加药量定为 150 mg/L。

四、与其他已确认的方法进行结果比对

方法比对是非标准方法确认的一种主要形式。当拟确认的非标准方法有已确认的

公认的标准方法时，可采用在环境条件相同、相同的人员采用不同的检测方法对同一样品进行的检测，对所得结果进行统计学分析，与方案中预设的可接受限进行比较，如果没有显著性差异则认为两种方法测得的结果是一致的，否则认为不一致。通过与已确认的公认的标准方法比较获得非标准方法性能特性，进而作出其是否满足预期用途或应用领域需要的结论。

方法比对一般应进行准确度和精密度的评估。若方法确认时使用试样的规格不同时，如粒径，则须要对不同规格的样品分别进行试验。

如果样品范围很广，不应假定试验方法在整个样品范围内都具有相同的精密度和相同的准确度。当拟确认的非标准方法使用的原理与公认标准方法的原理不同时，可能会出现对不同类型样品的准确度有不同程度的影响，甚至在整个范围内产生相反偏倚的情况，例如，某些样品的正偏倚和对另一些样品的负偏倚可能会相互抵消。分析物浓度、精密度及准确度之间的关系也可能是变化的，因此在整个范围内应做多个系列的比对实验。

五、实验室间比对*

（一）实验室间比对的要求

实验室间比对也是非标准方法确认的一种主要形式。实验室间比对是按照预先规定的条件，由两个或多个实验室对相同或类似的测试样品进行检测，对所得结果进行统计学分析，与方案中预设的可接受限进行比较，如果没有显著性差异则认为比对实验室间测得的结果是一致的，否则认为不一致。通过实验室间比对评估非标准方法性能特性，进而作出其是否满足预期用途或应用领域的需要的结论。

实验室间比对一般应进行精密度的评估。用于实验室间比对的样品需要满足以下要求：

（1）样品有充分的均匀性和稳定性，在适合的条件下保存；

（2）样品的数量应能够满足所有测试项目的要求，必要时要留出附加测试的样品。

如果样品范围很广，不应该假定试验方法在整个样品范围内都具有相同的精密度。分析物浓度与精密度之间的关系也可能是变化的，因此在整个范围内应做多个系列的比对实验。

（二）实验室间比对方案设计

参与实验室间比对实验方案设计的人员包括熟悉实验室质量管理、检测方法和统

* 包括检测检验机构间比对，本部分在描述时简称实验室间比对。

计学等方面工作的技术人员。必要时，可以成立比对实验技术小组，负责方案的设计、实施的监督以及比对过程的指导。

比对方案的内容一般包括：

（1）目的；

（2）比对项目名称、依据方法、参加的实验室等；

（3）开始时间和结束时间；

（4）所用样品的描述，如均匀性、稳定性、发放形式和处置要求；

（5）检测技术的要求，如实验条件、重复测试次数，仪器设备的要求等；

（6）上报记录要求，如原始测量数据要求、有效数值、仪器设备信息及特殊试验条件等；

（7）评价方法和判断的准则；

（8）其他需要特殊注意的事项。

（三）比对实验对样品的要求

用于比对实验的样品需要满足以下要求：

（1）样品有充分的均匀性和稳定性，在适合的条件下保存；

（2）样品的数量应能够满足所有测试项目的要求，必要时要留出附加测试的样品；

（3）样品的制备应有文件化处理程序，在使用前应对样品进行确认。

（四）样品的制备和准备

比对试验的样品一般为阳性样品，包括以下几种：

1. 标准样品

有证标准物质通常均匀性比较好，且具有指定的参考值和测量不确定度。因此，这类样品只要确认其一直处于符合要求的妥善保存状态，均可用作比对试验样品。

2. 添加标准物质的样品

同时在一系列准备好的样品中分别添加适当浓度的标准物质。添加的过程应独立于检测过程，添加的人员应为有经验的技术人员，添加的标准物质的量应根据实验的要求准确加入，添加标准物质后的样品应在适当的条件下放置一定的时间，并进行稳定性和均匀性验证。

3. 自制样品

在对样品制备方式了解的情况下，实验室可以利用自有的仪器设备进行简单样品的制备，也可以实验室间合作制备。无论采用哪种制备方式，制备的样品都应经过抽样检验，评价其均匀性和稳定性，证实其可用于比对试验。

（五）比对试验的开展

（1）样品制备或准备完毕后，应使用不会对检测结果造成影响的方式分装样品，按比对试验方案规定的方式或实验室相关质量控制程序文件的要求分发样品。

（2）如果对样品的处置会影响试验结果，则应在比对试验计划实施方案中清楚说明，或用特殊说明的方式让检测人员加以注意。

（3）检测人员接收到样品后，应按要求妥善保管，确认其环境条件不会对所要求的检测质量产生不良影响，应确认用于检测的对结果准确性或有效性有显著影响的所有设备，包括辅助测量设备（例如，用于测量环境条件的设备），经过校准并通过有效的期间核查保持其校准状态的置信度。

（4）参与比对试验的人员，应按检测方法的要求进行测试，如实记录试验结果及相关信息，按要求提交检测结果。

六、评定结果的测量不确定度

对分析结果的不确定度产生影响的因素有很多，如质量、体积、样品因素和非样品因素等，其中样品因素包含取制样和分析样品的均匀性，而非样品因素包含外部数据（通常包括常数和由其他实验得出并导入的量值，如分子量、标准物质纯度、标准物质的标准值以及标准溶液的浓度等）和测试过程（包括关键的测试步骤和原理，如样品的前处理、试剂或溶剂的加入、测试所依据的化学反应等），样品因素和非样品因素存在于所有分析中。

（一）测量不确定度相关的概念

（1）测量不确定度：表征合理地赋予被测量的量值的分散性，并与测量结果相联系的参数，称为测量不确定度。测量不确定度是对测量结果可信性、有效性的怀疑程度或不肯定程度的描述，是定量说明测量结果质量的参数。

（2）标准不确定度；以标准偏差表示的测量不确定度，称为标准不确定度。用符号 u 表示。由于测量结果的不确定度往往由许多原因引起，因此对每个不确定度来源评定标准偏差，称为标准不确定度的分量。标准不确定度的分量有两种评定方法，即A类评定和B类评定。

（3）不确定度的A类评定：对在规定测量条件下测得的量值用统计分析的方法进行的测量不确定度分量的评定，称为不确定度的A类评定，也称A类不确定度评定，用符号 u_A 表示。

（4）不确定度的B类评定：用不同于对观测列进行统计分析的方法来评定标准不

确定度，称为不确定度的 B 类评定，也称 B 类不确定度评定，用符号 u_B 表示。

（5）合成不确定度：由在一个测量模型中各输入量的标准测量不确定度获得的输出量的标准测量不确定度。合成不确定度，用符号 u_C 表示。

（6）扩展不确定度：合成标准不确定度与一个大于 1 的数字因子的乘积，又叫报告不确定度，用符号 U 表示，它是指被测量的值以较高的置信概率存在的区间宽度。扩展不确定度是由合成不确定度的倍数表示的测量不确定度，它是将合成不确定度扩展了 k 倍得到的，即 $U=ku_C$，k 是包含因子。

（二）测量不确定度的来源

《测量不确定度表示指南》（GUM），即国际指南，将测量不确定度的来源归纳为 10 个方面：

（1）对被测量的理论认识不足或定义不完善；

（2）实现被测量的定义的方法不理想；

（3）取样的代表性不够，即被测量的样本不能代表所定义的被测量；

（4）对测量过程受环境影响的认识不周全，或对环境条件的测量与控制不完善；

（5）对模拟仪器的读数存在人为偏移；

（6）测量仪器的分辨力或鉴别力不够；

（7）赋予计量标准的值或标准物质的值不准；

（8）用于数据计算的常量和其他参量不准；

（9）测量方法和测量程序的近似性和假定性；

（10）在表面上看来完全相同的条件下，被测量重复观测值的变化。

（三）测量不确定度的评定

1. 测量不确定度的评定流程

测量不确定度评定的典型流程主要有 7 个步骤，简述如下。

（1）建立数学模型。所谓建立数学模型，就是根据被测量的定义和测量方案，确立被测量与有关量之间的函数关系，也可以说，数学模型实际上给出了被测量的量值不确定度的主要来源量。要注意的是，数学模型中不应含有带 ± 号的项。

（2）求被测量的最佳值。对于测得值来说，最佳值应是修正了已识别的系统效应和剔除了异常值的平均值，在实际工作中，可根据观测数据和其他可用信息，利用建立的数学模型求得。求被测量的最佳值，主要是为了报告测量结果（最佳值 ± 不确定度）和构成相对不确定度（相对不确定度等于不确定度除以最佳值的绝对值，当然，最佳值不能为零）。

（3）列出各不确定度分量的表达式。根据建立的数学模型列出各不确定度分量的表达式时，应注意既不要漏项，也不应重复。

（4）不确定度的 A 类评定。

（5）不确定度的 B 类评定。

（6）测量合成不确定度。分别求相关输入量的合成不确定度、非相关输入量的合成不确定度及合成不确定度的自由度；在合成不确定度时，应同样对待所有的分量，包括各 A 类分量和各 B 类分量，即合成不确定度与分量的类别无关。根据公式求出的合成不确定度的自由度不一定是整数，通常将其取为较小的整数。

（7）扩展不确定度。关键是求包含因子 k 值，对于一般的检测质检中心，包含因子 k 取 2 便可满足需要。

2. 测量不确定度的报告

测量不确定度的报告应提供尽可能多的信息，诸如：

（1）给出被测量的定义及尽可能充分的描述，包括与有关量的关系；

（2）阐明由实验观测值和输入数据估算的被测量的量值及其获得方法；

（3）列出所有不确定度分量（含灵敏系数）并说明它们的评定方法；

（4）给出相关输入量（如有）的协方差或相关系数及其获得方法；

（5）给出合成不确定度与扩展不确定度的评定方法；

（6）给出评定过程中所使用的全部修正量、常数的来源及其不确定度；

（7）给出数据分析处理的具体方法，以使其每个重要步骤易于追溯，必要时能单独重复计算所报告的结果。

3. 不确定度报告的形式

当不确定度的报告以扩展不确定度 $U(y)=ku_C(y)$ 表述时，必须注明 k 值。

扩展不确定度的数值不应超过两位有效数字，并且应满足以下要求：

（1）最终报告的测量结果的末位应与扩展不确定度的末位对齐，除非使用相对扩展不确定度；

（2）应根据通用的规则进行数值修约，一般采用只进不舍的原则，并符合 GB/T 27418—2017《测量不确定度评定和表示》的规定；

对分析方法的测量不确定度评估可参考 JJF 1059.1—2012《测量不确定度评定与表示》。

第三节 方法确认的结果判定

一、方法确认的结果判定方法

通过充分的样品分析，由所得结果了解分析方法的准确度和精密度等确认指标。如果对方法有预期的准确度或精密度要求及判定方式，则按预期的规定判定确认结论；如无，则可利用统计的方法进行判定。

(一) 准确度的判定——临界差法 CD 值

方法确认采用两组数据对比时，可采用临界差法 CD 值进行评价。

1. 一个实验室内两组测试结果的比较

一个实验室内，如果在重复性条件下进行两组测量：第一组测试结果数为 n_1，其算术平均值为 y_1；第二组测试结果数为 n_2，其算术平均值为 y_2。在95%的概率水平下，y_1-y_2 的临界差为：

$$CD_{0.95}=2.8\sigma_r\sqrt{\frac{1}{2n_1}+\frac{1}{2n_2}} \qquad (4.10)$$

y_1-y_2 的值若小于临界差法 CD 值，则结果满意，否则，结果不满意。

如果 $n_1=n_2=1$，上述临界差简化为 $r=2.8\sigma_r$。

2. 两个实验室内两组测试结果的比较

如果在重复性条件下，第一个实验室测试结果数为 n_1，其算术平均值为 y_1；第二个实验室测试结果数为 n_2，其算术平均值为 y_2。在95%的概率水平下，y_1-y_2 的临界差为：

$$CD_{0.95}=\sqrt{(2.8\sigma_R)^2-(2.8\sigma_r)^2\left(1-\frac{1}{2n_1}-\frac{1}{2n_2}\right)} \qquad (4.11)$$

y_1-y_2 的值若小于临界差法 CD 值，则结果满意，否则，结果不满意。

如果 $n_1=n_2=1$，上述临界差简化为 $R=2.8\sigma_R$。

3. 一个实验室内测试结果与参考值的比较

如果在重复性条件下，一个实验室测试结果数为 n_1，其算术平均值为 y，将它与某个确定的参考值 u_0 进行比较，在偏倚的实验室分量未确定的情况下，在95%的概率水平下，则 $y-u_0$ 的临界差为：

$$CD_{0.95}=\frac{1}{\sqrt{2}}\sqrt{(2.8\sigma_R)^2-(2.8\sigma_r)^2\left(\frac{n-1}{n}\right)} \qquad (4.12)$$

方法确认采用与现有的标准方法对比时，标准测量的方法提供有可靠的重复性限 r 和复现性限 R 时，采用临界差法 CD 值进行评价时，式（4.12）可简化为：

$$CD = \frac{1}{\sqrt{2}}\sqrt{R^2 - r^2\left(\frac{n-1}{n}\right)} \tag{4.13}$$

4. 多个实验室内测试结果与参考值的比较

如果 p 个实验室，分别在重复性条件下得到了 n_i（$i=1, 2, 3\cdots p$）个测试结果，每个实验室的测试结果算术平均值为 y_i，所有实验室的测试结果总算术平均值 y，将总算术平均值 y 与某个确定的参考值 u_0 进行比较，在 95% 的概率水平下，$y-u_0$ 的临界差法 CD 值为：

$$CD_{0.95} = \frac{1}{\sqrt{2p}}\sqrt{(2.8\sigma_R)^2 - (2.8\sigma_r)^2\left(1 - \frac{1}{p}\sum_{i=1}^{p}\frac{1}{n_i}\right)} \tag{4.14}$$

式中，σ_R——实验室间重复性标准偏差；

σ_r——实验室内重复性标准偏差；

n——实验次数；

p——实验室个数；

$2.8\sigma_R$——方法的复现性限；

$2.8\sigma_r$——方法的重复性限。

实验室在重复性条件下进行 n 次测量的算术平均值 y 与参考 u_0值之差，$y-u_0$ 小于临界差法 CD 值，则测量结果为满意结果，否则为不满意结果。

（二）准确度的判定——E_n 值法

E_n 值法又称归一化偏差法。当实验室能够对所检测项目进行正确的不确定度评定时，可使用 E_n 值对结果进行评价。

$$E_n = \frac{x - X}{\sqrt{U_x^2 + U_X^2}} \tag{4.15}$$

式中，x——实验室测定的结果；

X——标准物质或参考物质的参考值；

U_x——实验室测定的不确定度；

U_X——标准物质或参考物质的不确定度。

当 E_n 值≤1 时，说明测量结果间的差异是满意结果，否则为不满意结果。

如果使用有证标准物质，其不确定度 U_X 由证书给出，实验室测定的不确定度 U_x 可以用实验标准偏差 s 代替，即：

$$E_n = \frac{x - X}{\sqrt{S^2 + U_X^2}} \tag{4.16}$$

用 s 代替扩展不确定度是因为忽略了 B 类不确定度。因为标准偏差 s 一定小于扩展不确定度 U_x，使 E_n 值的判据更严格了。如果满足了标准偏差的评价公式，则一定满足不确定度的评价公式。

（三）准确度的判定——Z 值法

如果新方法设定了预期可接受允差或行业公认的允差，则可计算 Z 值判定。

$$Z = \frac{x - X}{\Delta} \tag{4.17}$$

式中，x——实验室测定的结果；

X——标准物质或参考物质的参考值；

Δ——预期可接受允差。

当 Z 值≤1 时，说明测量结果是满意结果，否则为不满意结果。

（四）精密度的判定——E_n 值法

如果没有标准物质或参考物质的参考值，当使用两种方法进行对比，或实验室间比对，量值结果的一致性可用 E_n 值法判定。此时需使用参加确认的实验室报告的测量不确定度的估计值时，只有所有参加者采用一致的方法评估不确定度，该方法才有意义。

$$E_n = \frac{x_1 - x_2}{\sqrt{U_1^2 + U_2^2}} \tag{4.18}$$

式中，x_1、x_2——两组或两个实验室分别测得的结果；

U_1、U_2——两组或两个实验室分别测定的不确定度。

当 E_n 值≤1 时，说明测量结果间的差异是满意结果，否则为不满意结果。

也可以用各自的标准偏差 s 代替各自的不确定度，E_n 值的公式变形为：

$$E_n = \frac{|\bar{x}_2 - \bar{x}_1|}{\sqrt{S_2^2 + S_1^2}} \tag{4.19}$$

（五）精密度的判定——F 检验法

F 检验法主要通过比较两组数据的方差 S^2，以确定它们的精密度是否有显著性差异。至于两组数据之间是否存在系统误差，则须进行 F 检验并确定它们的精密度没有显著性差异之后，再进行 t 检验。

F 检验法又叫方差齐性检验。假设数据应正态分布，从两个研究总体中随机抽取样本，要对这两个样本进行比较的时候，首先要判断两个总体方差是否相同，即方差齐性：若两个总体方差相等，则直接用 t 检验；若不等，可采用 F 检验。

$$F = S_{大}^2 / S_{小}^2 \tag{4.20}$$

式中，$S_{大}^2$——两组数据中较大的一组方差；

$S_{小}^2$——两组数据中较小的一组方差。

然后将计算的 F 值与查表得到的 $F_{表}$ 表值进行比较：$F < F_{表}$，表明两组数据没有显著差异；$F \geqslant F_{表}$，表明两组数据存在显著差异。

（六）精密度的判定——t 检验法

t 检验法主要用于样本含量较小（如 $n < 30$）、总体标准差 s 未知的正态分布。t 检验法是用 t 分布理论来推论差异发生的概率，从而比较两个平均数的差异是否显著。它与 f 检验、卡方检验并列。

t 检验可分为单总体 t 检验和双总体 t 检验。

1. 单总体 t 检验

单总体 t 检验是检验一个样本平均数与一个已知的总体平均数的差异是否显著。当总体分布是正态分布，如果总体标准差未知且样本容量小于 30，那么样本平均数与总体平均数的离差统计量呈 t 分布。

单总体 t 检验统计量为：

$$t = \frac{|\overline{X} - u_0|}{S/\sqrt{n}} \tag{4.21}$$

式中，$\overline{X}$——样本测试结果平均值；

u_0——总体测试结果平均值；

S——样本测试结果标准偏差；

n——测量次数。

2. 双总体 t 检验

双总体 t 检验是检验两个样本平均数与其各自所代表的总体的差异是否显著。假设各实验处理组之间毫无相关存在，即为独立样本，该检验用于检验两组非相关样本被试所获得的数据的差异性。

独立样本 t 检验统计量为：

$$t = \frac{\overline{X}_1 - \overline{X}_2}{\sqrt{\frac{(n_1 - 1)S_1^2 + (n_2 - 1)S_2^2}{n_1 + n_2 - 2}\left(\frac{1}{n_1} + \frac{1}{n_2}\right)}} \tag{4.22}$$

式中，$\overline{X}_1$、$\overline{X}_2$——两组样本测试结果平均值；

S_1^2、S_2^2——两组样本方差；

n_1、n_2——两组样本数量。

以0.05（置信概率为95%）为显著性水平，自由度$f=n_1+n_2-2$，查t值表，得临界值$t_{表}$。如$t<t_{表}$，则说明两样本平均值无显著差异，否则说明两样本的平均值存在显著性差异。

例11：使用新方法测试样本中钡离子的含量

加入标准物质量$u_0=3.30$ mg/L，对$n=10$个样本进行测试，结果平均值$\overline{X}=3.42$ mg/L，标准偏差$s=0.40$，按单侧检验，检验水准：$\alpha=0.05$，自由度$f=n-1=9$

则

$$t=\frac{|\overline{X}-u_0|}{s/\sqrt{n}}=0.95 \tag{4.23}$$

查附表2 t检验统计分布数值表得$t_{表}=1.833$，$t<t_{表}$，样本平均值与标准值无显著差异。

进行t检验判定时应注意以下几点。

（1）选用的检验方法必须符合其适用条件（注意：t检验的前提：①来自正态分布总体；②随机样本；③均数比较时，要求两样本总体方差相等，即具有方差齐性）。理论上，即使样本量很小时，也可以进行t检验（如样本量为10，一些学者声称更小的样本也行），只要每组中的变量呈正态分布，两组方差不会明显不同。方差齐性的假设可进行F检验。

（2）区分单侧检验和双侧检验。单侧检验的界值小于双侧检验的界值，因此更容易被拒绝。假设检验的结论不能绝对化。无论是拒绝还是接受，其不显著结果的原因有可能是样本数量不够拒绝。涉及多组间比较时，慎用t检验法。

（七）精密度的判定——相对偏差（RD）法

$$RD=[(X_i-\overline{X})/\overline{X}]\times100\% \quad (i=1,2,\cdots,n) \tag{4.24}$$

式中，RD——为相对偏差；

X_i——为检测结果i；

$\overline{X}$——i个检测结果的平均值。

当已知重复分析的标准偏差（S）或进行多份重复样品分析时，可按下列公式计算相对标准偏差（RSD），依据规定的可接受限进行评价：

$$RSD=(S/\overline{X})\times100\% \tag{4.25}$$

式中，RSD——相对标准偏差；

S——为标准偏差；

$\overline{X}$——n个检测结果的平均值（一般$n>5$）。

注：可接受限依据与客户的约定或相关标准规定进行评价。

（八）方法验证正确度案例分析

案例1：YC/T 316—2014《烟用材料中铬、镍、砷、硒、镉、汞和铅残留量的测定 电感耦合等离子体质谱法》测定砷、铅的正确度验证报告

（1）验证方式

根据实际情况，采用测定参考物质验证方法正确度，用 E_n 值法进行判定；共测定11次。

（2）参考物质信息

砷、铅混合标准溶液，参考量值：10.0 mg/L（砷），10.00 mg/L（铅）；扩展不确定度 $U=0.05774$ mg/L，$k=2$。

（3）测定结果

表4.16　砷残留量的测定结果

n	测定值(x_i)/(mg/L)	平均值($\bar{x}$)/(mg/L)	$(x_i-\bar{x})^2$/(mg/L)	实验标准差/(mg/L) $\sigma_r=\sqrt{\frac{\sum_{i=1}^{n}(x_i-\bar{x})^2}{n-1}}$	平均值实验标准差/(mg/L) $\sigma_{\bar{x}}\sqrt{\frac{\sigma_r^2}{n}}$	扩展不确定度/(mg/L) $k=2$, $U(\bar{x})=k\sigma_{\bar{x}}$
1	9.96	10.00545	0.002066116	0.06861	0.02068	0.04136
2	10.08		0.005557025			
3	9.95		0.003075207			
4	9.89		0.013329752			
5	10.10		0.008938843			
6	10.08		0.005557025			
7	9.99		0.000238843			
8	10.00		0.000029752			
9	9.93		0.005693388			
10	10.03		0.000602479			
11	10.05		0.001984298			

表 4.17 铅残留量的测定结果

n	测定值(x_i)/(mg/L)	平均值($\bar{x}$)/(mg/L)	$(x_i-\bar{x})^2$/(mg/L)	实验标准差/(mg/L) $\sigma_r=\sqrt{\frac{\sum_{i=1}^{n}(x_i-\bar{x})^2}{n-1}}$	平均值实验标准差/(mg/L) $\sigma_{\bar{x}}\sqrt{\frac{\sigma_r^2}{n}}$	扩展不确定度/(mg/L) $k=2$, $U(\bar{x})=k\sigma_{\bar{x}}$
1	10.10	9.99273	0.011507438	0.07199	0.02171	0.04342
2	10.05		0.003280165			
3	9.90		0.008598347			
4	9.98		0.000161983			
5	9.94		0.002780165			
6	9.90		0.008598347			
7	10.06		0.00452562			
8	9.93		0.003934711			
9	10.01		0.000298347			
10	9.97		0.000516529			
11	10.08		0.007616529			

(4) 评价方法

采用 E_n 值法评价：当 $E_n \leqslant 1$ 时，测量结果间的差异是可以接受的，正确度验证通过。

当 $E_n > 1$ 时，测量结果间的差异是不可以接受的，正确度验证不通过。

见式 4.26：

$$E_n = \frac{|\bar{x} - x_s|}{\sqrt{U(\bar{x})^2 + U(x_s)^2}} \tag{4.26}$$

式中，$\bar{x}$——测量结果平均值；

x_s——标准溶液参考量值；

$U(\bar{x})$——测量结果的扩展不确定度；

$U(x_s)$——标准溶液的扩展不确定度。

(5) 计算及结果评价

①砷

数据代入：

$$E_n = \frac{|\bar{x} - x_s|}{\sqrt{U(\bar{x})^2 + U(x_s)^2}} = \frac{|10.00545 - 10.0|}{\sqrt{0.04136^2 + 0.05774^2}} = 0.07851$$

计算结果表明，$E_n \leqslant 1$，测量结果间的差异是可以接受的，正确度验证通过。

②铅

数据代入：

$$E_n = \frac{|\bar{x} - x_s|}{\sqrt{U(\bar{x})^2 + U(x_s)^2}} = \frac{|9.99273 - 10.0|}{\sqrt{0.04342^2 + 0.05774^2}} = 0.10281 \qquad (4.27)$$

计算结果表明，$E_n \leqslant 1$，测量结果间的差异是可以接受的，正确度验证通过。

第四节　方法验证和方法确认的区别

检验检测机构和实验室在使用各种方法进行检验检测/校准前，一开始就会碰到方法验证与方法确认的问题，那么方法验证与方法确认的区别是什么呢？什么情况下要做方法确认，什么情况下要做方法验证呢？

从定义上来看，验证是提供客观证据，证明给定项目满足规定的要求。方法验证是指检验检测机构和实验室通过核查，提供客观有效证据证明实验室活动满足检测方法规定的要求。因此，方法验证针对的是标准方法和已确认的非标准方法，目的是在标准方法或者确认过的非标准方法引入检验检测机构和实验室使用前，证明检验检测机构和实验室有能力按照标准方法或者非标准方法开展检验检测/校准工作。方法验证必须由检验检测机构和实验室自己独立完成。确认是对规定要求是否满足预期用途的验证。方法确认是指检验检测机构和实验室通过试验，提供客观有效证据证明特定检测方法满足预期的用途。因此，方法确认针对的是非标准方法、实验室制定的方法、超出预定范围使用的标准方法或其他修改的标准方法，目的是证明方法是否适用。方法确认可以由检验检测机构和实验室自己独立完成，也可以请外部专家或其他专业检验检测机构和实验室完成。

方法验证和方法确认的主要区别见表 4. 18。

表 4. 18　方法验证和方法确认的区别

项目	方法验证	方法确认
对象	（1）首次采用的标准方法 （2）标准方法变更后 （3）采用经过确认的非标准方法	（1）非标准方法 （2）实验室制定的方法 （3）超出预定范围使用的标准方法 （4）其他修改的标准方法
目的	是否有能力按照标准方法开展检验检测/校准	是否满足预期用途或应用领域的需要
方法	从“人员、设备、材料、环境、文件”去验证： （1）对执行新方法所需的人力资源进行评价，即检验检测/校准人员是否具备所需的技能及能力，必要时应对相关人员进行培训，经考核合格后上岗	（1）使用参考标准或标准物质进行校准或评估偏倚和精密度 （2）对影响结果的因素进行系统性的评审

续表

项目	方法验证	方法确认
方法	(2) 对现有设备适用性进行评价，是否要补充新的标准器或标准物质 (3) 对物品制备，包括前处理、存放等各环节是否满足新方法要求进行评价 (4) 对操作规范、不确定度，原始记录、报告格式及其内容是否适应新方法要求进行评价 (5) 对设施和环境条件的评价，必要时进行验证 (6) 对新方法正确运用的评价，当旧方法有变更时，应对新旧方法进行比较，尤其是要对差异分析与比对进行评价 (7) 按新方法要求进行完整模拟检验检测/校准，出具完整的结果报告	(3) 通过改变控制参数检验方法的稳健性，如恒温箱温度、加样体积等 (4) 与其他已确认的方法进行结果比对 (5) 实验室间比对 (6) 根据对方法原理的理解和抽样或检测方法的实践经验评定结果的不确定度
执行者	一定是本机构（本实验室）验证	可以是实验室自己确认，也可以请外部专家或其他实验室确认
时限	使用一段时间（一般五年，五年后或更长时间换版）	(1) 拟定立新方法时 (2) 超出预定范围使用标准方法时 (3) 修改的标准方法在转化为标准方法使用前 (4) 非标准方法批准使用前
关系	逐步递进的关系，非标方法有可能转化为标准方法	

注意：

(1) 方法验证应有文件规定和相应记录，当方法变化后，应重新进行验证。

(2) 方法确认应有文件规定和相应记录，当修改已经确认过的方法时，应确定这些修改的影响，如果影响原有的确认，应重新进行确认。

(3) 方法验证和方法确认的技术路线参见图4.6。

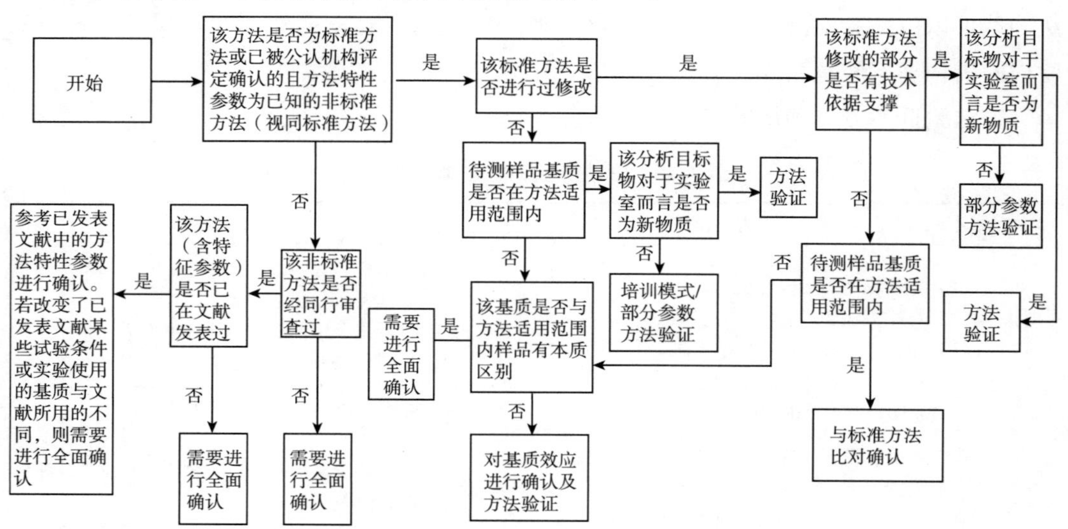

图4.6 方法验证和方法确认技术路线图

第五章　方法开发控制

本章目标：了解方法开发的要求，熟悉方法开发的策划、实施、评审及后续活动程序。

第一节　方法开发的要求

方法开发是指针对检测对象的特定检测需求，由指定的具备相关能力的人员，在足够的资源条件下，按照策划要求进行的一系列研制活动。方法开发是一个从无到有的过程，即没有方法，通过科研等过程研发出的一个新方法，因此对实验室的技术能力有较高的要求。

CNAS-CL01：2018《检测和校准实验室能力认可准则》7.2.1.6 规定："当需要开发方法时，应予以策划，指定具备能力的人员，并为其配备足够的资源。在方法开发的过程中，应进行定期评审，以确定持续满足客户需求。开发计划的任何变更应得到批准和授权。"

【解读 1】实验室宜制定方法开发程序，规范自身检测方法的设计开发、资源配置、输入与输出、确认等过程，明确人员的职责和权限。

【解读 2】实验室需要开发方法时，应予以策划，配备满足检测方法开发所需的人力、物力和信息等各类资源。

【解读 3】在方法开发过程中，须对正在开发的方法进行系统评审，开发计划的任何变更应得到批准和授权，以确定该方法的性能特性能够持续满足预期用途或应用领域的需求。自身开发的方法须经过确认后方可使用。

第二节 方法开发的策划

一、方法开发的资源需求

方法开发的资源需求，包括但不限于以下条件。

（1）参与方法开发人员。T/CCAA 61—2023《检验检测机构检测方法开发指南》4.6 规定："从事方法开发的人员宜为相关专业专科及以上学历，具有 3 年以上本专业领域检测工作经历，熟悉和掌握待研制方法的原理、关键技术和数据处理技术，必要时接受培训。非相关专业专科及以上学历的，宜具有 10 年以上本专业领域检测工作经历。"

方法开发一般需要一个团队，这些人员组合后应具备以下条件。

——对技术内容熟悉，且有一定的标准化知识。

——具有标准和文献检索能力。因为国际标准化组织、各行业所确立的行业规范和标准情况不一样，这就需要方法开人员有相应的标准和文献检索能力。

——具备编写标准的能力。方法文件要求有较强的逻辑性，方法开发人员要了解标准化方面最基本的要求，了解标准的属性特点、制定程序等，掌握标准的编排格式及编写的基本要求，掌握与相关标准相关的协调方式，了解与应用该标准有关方面的信息等。

——要有一定的组织管理能力。在方法开发的过程中，要不断地与各方人士、相关部门协调，要能够充分表述自己的观点且善于听取别人的意见，要有较强的责任心。

（2）检验检测/校准用的设备设施。

（3）样品的选择和制备。

（4）环境条件。

（5）须遵循的安全措施。

（6）评定不确定度的程序。

（7）作业指导书、原始记录、报告格式及其内容。

（8）必要的信息（国内外技术资料收集）。

二、方法开发的提出

检验检测机构和实验室提出方法开发，包括但不限于以下情况：

（1）针对客户的检验检测/校准需求，检验检测机构和实验室通过检索相关文件，确认没有现行有效适用版本的检验检测/校准方法可遵循；

（2）客户提供的检验检测/校准方法或现有的检验检测/校准方法不满足检验检测/校准的要求，如当选用的检验检测/校准方法开展的检验检测/校准结果表明，其测量不确定度过大，影响到检验检测/校准数据的可靠性，或检验检测/校准范围超出现有检验检测/校准方法预定范围等；

（3）当被检验检测/校准项目的技术指标多，需从多项技术规范中选用不同种类的标准方法组合成新的方法；

（4）对检验检测/校准方法进行技术更新和技术储备，如关注来自国际、国家、行业、地方和机构自身发展的需求；

（5）应对应急安全事件等。

三、方法开发的计划

（一）方法开发项目策划

检验检测机构和实验室授权满足能力要求的技术人员，根据检验检测/校准工作需要，策划方法开发，包括但不限于以下活动。

（1）方法开发的必要性，识别和确定方法开发预期用途的要求或应用领域的需求。如要解决什么问题，为了解决这个问题需制定多少个方法，是一个系列方法还是一个方法分若干个部分，预期完成后的作用和效益等。

（2）收集与所开发的检验检测/校准方法有关的标准、法律法规和文献等，如国内外现有同类标准方法的情况、这些标准方法的异同之处和各自的特点、拟采用的国际或国外先进标准情况。在方法开发前，要全面检索相关的文献，找到与本方法有关的文献后，认真分析并找出本方法可直接引用的内容。具体而言，应检索以下方面的文献：有关技术、法律方面的文献，相关标准和可以直接引用的标准，标准化方面的书籍等。涉及标准化方面的书籍和标准须考虑以下方面：国家标准、行业标准、国际标准或国外有关行业、协会等发布的文献（标准）等。

（3）确定检验检测/校准方法的原理、技术路线和性能参数要求。阐明拟开发的方法的主要工作内容及适用范围；在方法开发前，要充分研究有关技术内容并决定取舍，充分考虑方法的适用范围，围绕该方法选择有关的技术内容；要保证所选择的技术内容有充分的依据；要对需确认或试验的数据做好相应的工作安排；要对引用的标准和相关标准有充分的了解。

（4）方法的适用性、国内对该类标准方法的研究基础、已具备立项开发的技术条件等内容，如设备设施和环境条件要求等。

（5）工作进度计划安排及经费来源、预算等。

（二）方法开发运行计划

检验检测机构和实验室可根据自身的专业特长和技术优势选择自行开发或委托有能力的检验检测机构和实验室开发，也可联合共同开发。方法开发过程中，如需变更或终止方法开发计划时，宜得到技术负责人的批准，确保所有有关人员之间的有效沟通，并保存记录。方法开发运行计划的内容包括但不限于以下几个方面。

（1）方法开发的名称。

（2）方法开发的原因。

（3）方法开发的适用范围。

（4）方法开发预期用途的要求，包括但不限于：

1）客户明确的要求和潜在的需求。

2）适用的法律法规要求（如需要）。

3）对新方法相关特性的要求，如检出限、重复性、再现性、不确定度、方法选择性、线性、稳定性等定性和定量的指标。

（5）方法开发的资源需求及成本核算。

（6）方法开发的各个阶段内容、难易程度评估及完成期限。

（7）方法开发的确认程序。

（8）方法开发的各性能的试验结果的评价准则。

（9）方法开发变更或终止的处置。

（三）方法开发项目审核

（1）检验检测机构和实验室负责组织相关内部或外部专家对方法申报项目进行审核，形成审核意见。

（2）审核应关注：

——科技成果、新技术推广应用的标准项目；

——在一定范围有普遍指导意义的、生产急需的标准项目。

（四）制定新方法实施的程序

程序应包括但不限于下列信息：

（1）适当的标识。

（2）适用范围（被检测物品类型、被测定的参数或量和范围）。

（3）仪器和设备，包括技术性能要求。

（4）所需的参考标准和标准物质（参考物质）。

（5）要求的环境条件和所需的稳定周期。

（6）程序的描述，包括：

1）样品的标志系统、处置、运输、存储和准备；

2）工作开始前所进行的检查；

3）检查设备工作是否正常，需要时，在每次使用之前对设备进行校准和调整；

4）观察和结果记录的方法；

5）须遵循的安全措施。

（7）接受（或拒绝）的准则和/或要求。

（8）须记录的数据以及分析和表达的方法。

（9）不确定度或评定不确定度的程序。

第三节　方法开发的实施

一、组建方法开发项目组

检验检测机构和实验室负责组织，指定有实践经验、熟悉相关行业技术和标准规范、熟悉相关仪器设备技术性能并能熟练操作的检验检测/校准人员组成方法开发项目组。

二、编制方法大纲

指定的方法开发人员依据项目的要求，查阅有关科技书籍、文献、技术规范，通过多种渠道对目前相关技术进行调研，广泛收集资料，并对收集到的资料进行汇总整理，编制方法大纲。

三、编制方法开发的作业指导书

检验检测机构和实验室按照方法开发计划，配备方法开发所需的资源。检验检测/校准方法开发人员按照方法开发计划，编制和调整实施方法开发的作业指导书。方法开发的作业指导书可包括以下内容。

（1）被检验检测/校准物品类型的描述；当检验检测/校准方法适合于不同基质的

检验检测/校准对象时，根据风险评估的结果和预期用途要求，或应用领域的需要来选择有代表性的样品基质进行方法开发。

（2）被检验检测/校准的参数（或量）和范围。

（3）仪器和设备，包括技术性能要求。

（4）所需的参考标准和标准物质（参考物质）。

（5）环境条件要求，包括所需的稳定周期。

（6）观察和结果记录的方法。

（7）检验检测/校准过程的描述，包括前处理要求、注意事项和安全措施。

（8）须记录的数据、质控要求以及结果表述方法。

根据作业指导书的规定进行试验，确定方法性能参数和操作程序，如试样的要求，仪器设备和试验环境的要求，以及数据处理和结果表示的方法。根据试验的结果修改，完善作业指导书。

四、方法开发的方法确认

（1）为确保开发的检验检测/校准方法满足预期用途要求或应用领域的需要，技术负责人应组织人员对其进行确认。方法开发的方法确认可用以下（不限于）一种或几种技术。

1）使用参考标准或标准物质进行校准或评估偏倚和精密度。

2）对影响结果的因素进行系统性评审。

3）通过改变受控参数（如培养箱温度、加样体积等）来检验方法的稳健度。

4）与其他已确认的方法进行结果比对。

5）实验室间比对（检验检测机构间比对）或能力验证，参与比对检验检测机构和实验室数量不少于3家，并尽可能选择行业内有影响力和权威性的检验检测机构和实验室。

6）根据对方法原理的理解以及抽样或检验检测/校准方法的实践经验，评定结果的测量不确定度。

（2）检验检测机构和实验室保存以下方法确认的记录。

1）使用的确认程序。

2）要求的详细说明。

3）方法性能特性的确定。

4）获得的结果。

5）方法有效性声明，并详述与预期用途的适宜性。

（3）通过方法开发的确认结果，判断方法的技术可行性，发现检验检测/校准方法存在问题和缺陷时，宜及时实施改进措施，必要时修改检验检测/校准方法开发的程序和技术参数。

（4）按照 GB/T 1. 1—2020《标准化工作导则 第1部分：标准化文件的结构和起草规则》的要求，形成方法征求意见稿。征求意见稿的内容应先进、可行，应在有关范围内广泛征求意见。方法文本应符合标准编写要求，编排逻辑性强，语言简练。在准备征求意见稿的同时，准备好编制说明。编制说明中的内容应符合国家标准有关管理办法中所列的项目。

无论采取邮寄还是网上征求意见的方式，都应将征求意见稿和针对该征求意见稿的编制说明同时送交被征求意见对象；对于回复的意见要认真分析，做好意见汇总，并修改征求意见稿，在修改征求意见稿时要同时修改编制说明，使其与征求意见稿相配套。

（5）要对所提的意见进行相应的试验验证；意见基本统一，并不太可能产生颠覆性意见时，准备送审稿及相应的材料。

第四节 方法开发的评审

检验检测机构和实验室组织收集方法开发的相关资料，以会议的形式组织审查人员对新开发方法进行评审。审查人员要有代表性，可包括技术负责人、监督员和参加检验检测/校准方法开发的主要人员，必要时可请外部专家参加。评审会议应注意：组织方应按规定提前将送审稿、意见汇总处理表、编制说明送到审查人员手中；会议人数要符合规定；会议主持人要了解方法审查会的基本要求；允许审查人员对方法内容持保留或反对意见，如审查人员有保留或反对意见，记录员应将有关情况如实写入会议纪要。评审的内容包括：

（1）检验检测/校准方法是否满足预期用途的要求或应用领域的需要，如技术要求是否满足预期的目标，检验检测/校准实验方法是否可行，检出限、正确度、精密度等方法的特性是否满足预期的目标，测量不确定度的评定是否合理等，校准方法还应审核其是否覆盖了 JJF 1071—2010《国家计量校准规范编写规则》中的规定要求；

（2）识别存在的问题并提出必要的改进意见。

评审议程可包括以下活动：

（1）检验检测/校准方法开发人员介绍检验检测/校准方法开发的目的、要求和主要过程；

（2）评审人员自由提问，方法开发人员答辩；

（3）总结各方意见，提出修改意见，宣布检验检测/校准方法的评审结论并保存所有评审记录。

会议纪要虽没有固定的格式，但应明确表述参会代表名单、主持人、会议时间、地点、对方法的评价、方法水平、要求修改的意见等，尤其是对该方法审查后的结论性意见，一定要明确。对于方法的不同看法，会议纪要也应表述清楚，以供审批部门考虑。起草人员应认真听取审查会的意见并按会议纪要的要求修改送审稿，在函审时应如实总结函审意见，技术委员会应做好函审结论。

第五节　方法开发的后续活动

若开发的检验检测/校准方法的评审结论为“满足预期用途的要求或应用领域的需要”，则检验检测机构和实验室可依据所开发的方法进行检验检测/校准。若开发的检验检测/校准方法的评审结论为“不满足预期用途的要求或应用领域的需要”，则检验检测机构和实验室查明原因整改后，重新进行方法开发。

检验检测机构和实验室将开发研制的检验检测/校准方法转化为检验检测机构和实验室作业指导书并进行定期评审。

第六章　方法偏离控制

本章目标：了解方法偏离要求，熟悉方法偏离控制程序。

第一节　方法偏离概述

方法偏离指在一定的允许范围、一定的数量、一定的时间段和一定的误差范围内等条件下与标准的差异。就是说不能按照检验检测/校准方法规定的要求实施检验检测机构和实验室活动。一般来说，偏离属于负面的较多，处理不当会影响结果的质量，应严格控制。

从方法偏离的定义我们可以看出，方法偏离是有条件的，具体如下。

一、一定的允许范围

一个方法的偏离有一个范围，即偏离了多少，偏离到什么程度。例如，标准规定恒温8 h，检验检测机构和实验室因客户的特殊原因只恒温了6 h，此为偏离，但如果根本没有恒温养护，造成结果失准，就不是偏离的问题了，结果不能报出。偏离到什么程度是可接受的，须经技术判断。在不影响实验室活动结果的有效性和正确性的前提下，才允许偏离。

二、一定的数量

一个方法的偏离只能是一个地方或两个地方的偏离，也就是偏离的数量要控制，如果整个方法都改变了，那不是偏离，而是一个新的方法了。例如，改变了方法的称样量，简化了样品的前处理方法，减少了样品的测试次数等，虽然每个偏离程度都不大，但多个偏离就会造成最终的结果失准，失去意义，这种偏离风险极大，一般不允许发生。

三、一定的时间段

方法的偏离是短期行为，一般是出现了突发事件、非预期的、被动的、万不得已而采取偏离，所以一般是一次性的，下次实验时要回到标准规定的方法。如果一直偏离，那就是对标准方法的改变和修订，应该按照非标准方法要求进行确认和验证后使用。

四、一定的误差范围内

方法的偏离虽然被允许，但必须可控。所谓可控就是指测试结果控制在一定的误差范围内，不能影响对产品的基本判断。例如减少了样品的养护时间，可能会造成样品不均匀，成分未完全释放，测试结果偏低，数据精密度变差，经过技术判断，认为不会影响对结果的判定，在风险评估的基础上，可以批准偏离。但如果因为方法偏离造成对结果的误判，如将不合格产品判断为合格、有害成分未检出、造成客户的错误理解和误用等，均不允许偏离。

通过以上分析可以看出，方法偏离有 3 个特征：突发性的、一次性的、万不得已的。方法偏离有较大风险，不到万不得已，应严格控制偏离。

CNAS-CL01：2018《检测和校准实验室能力认可准则》7. 2. 1. 7 规定：“对实验室活动方法的偏离，应事先将该偏离形成文件，经技术判断，获得授权并被客户接受。”

【解读 1】 对所有实验室活动方法的偏离都应进行控制，无论范围、数量、时间还是误差大小，均要控制，不能因为偏离很小就忽略，因为在应对质量争议时，任何不被接受的偏离都将给检验检测机构和实验室带来巨大的风险。

【解读 2】 方法偏离应事先将该偏离形成文件。任何偏离都应在发生前以文件的形式申请并得到批准，因此是事先形成文件，而不是事后审核批准，避免出现仅凭口传心授而无依据的现象。

【解读 3】 方法偏离的批准应经技术判断和风险评估，偏离后的方法仍能满足预期的用途或特定的检测需要，否则不允许偏离。方法偏离的技术判断方法可采用统计学的相关方法，如 E_n 值法、CD 值法、F 检验法、t 检验法、重复分析样品结果的相对偏差（RD）法等方法。

方法偏离的技术判断对实验室的技术水平有较高的要求，检验检测机构和实验室可以自己判断，也可以请外部专家判断，以减少技术风险。

【解读 4】 方法偏离应获得授权并被客户接受，不能是实验室单方面、私自进行的活动。无论是从保证客户享有知情权的角度还是检验检测机构和实验室应恪守诚信原则以及保护自身权益、规避风险的角度考虑，检验检测机构和实验室均应取得客户同意后才能开展偏离的活动。客户接受偏离可以事先在合同中清晰约定并注明发生的偏离。

【解读5】 检验检测/校准报告应说明发生的偏离。CNAS-CL01：2018《检测和校准实验室能力认可准则》7.8.2.1n规定检测、校准或抽样报告应包含“对方法的补充、偏离或删减”的信息。

通过以上分析可以看出，允许方法偏离有4个条件：事先形成文件、技术判断、获得批准、客户接受。这4个条件缺一不可。方法偏离不是常态是偏态，是一种有条件的让步。为此，检验检测机构和实验室实施方法偏离时应注意：

（1）偏离可以对应标准方法、非标准方法；

（2）不应将非标准方法作为方法偏离处理，注意方法偏离的条件；

（3）细则不是偏离，细则是对方法的补充和完善，不能对标准已经规定的信息进行修改；

（4）注意方法偏离与方法改进的区别，方法改进是对方法的修订，按方法修订和非标准方法确认程序进行管理；

（5）不能接受有失公正性的偏离，如降低腐蚀温度，使腐蚀速率测试结果偏低等；

（6）方法偏离不适用强制标准和仲裁分析。

第二节　方法偏离控制程序

一、方法偏离控制目的

检验检测机构和实验室应对方法偏离进行控制，确保方法偏离工作不影响检验检测机构和实验室活动结果的公正性和有效性。

二、方法偏离控制依据

（1）检验检测机构和实验室管理体系文件中的相关规定。

（2）CNAS-CL01：2018《检测和校准实验室能力认可准则》。

三、方法偏离控制原则

（1）对满足相关法律法规的要求无影响。

（2）对实验室活动结果的公正性和有效性无影响。

（3）对方法偏离可控制、可追溯。

（4）因特殊例外任务或因特殊情况，不得已需偏离方法或程序规定。

四、方法偏离控制条件

（1）经技术性确认不影响实验室活动结果的有效性。

（2）方法偏离文件至少应包括方法偏离原因、偏离部分的详细描述、偏离部分的技术确认数据和结果、对方法偏离可行性评估的结果、方法偏离的技术判断。

（3）按照本检验检测机构和实验室管理程序要求获得技术主管的批准。

（4）客户同意方法偏离。

五、方法偏离控制先期准备

（1）明确方法偏离控制管理部门和相关岗位，指定专人负责受理、识别、提出方法偏离申请，负责方法偏离的技术性确认和可行性评估、负责相关信息的收集和整理工作。

（2）建立方法偏离相关控制文件：规定方法偏离控制程序，编制相关记录表格，确保方法偏离受控和可追溯，确保检验检测/校准数据和结果的有效性。

六、方法偏离控制职责

检验检测机构和实验室应规定方法偏离控制的职责，例如：X 岗位负责识别方法偏离的需求，提出方法偏离申请；X 岗位负责提供方法偏离可行性的技术依据，评估方法偏离的可接受性；X 岗位负责方法偏离方案的批准；X 岗位负责告知客户并获得客户同意；X 岗位负责组织相关人员实施方法偏离方案；监督员负责偏离方案执行过程中的监督，发现问题及时向质量负责人/技术负责人反馈；X 岗位负责方法偏离相关记录的收集保管等。

七、方法偏离工作程序

方法偏离工作程序一般包括以下步骤：识别方法偏离需求、判断方法偏离的技术、编制方法偏离报告并获得批准、告知并获得客户同意。

（一）识别方法偏离需求

1. 发生方法偏离的情形

发生方法偏离的情形主要有两种情况：一是客户出于某种需求提出偏离的要求；二是检验检测机构和实验室出于无法克服的原因不得已而发生的偏离，因此，偏离不是检验检测机构和实验室的常态。

2. 方法偏离的申请

当检验检测机构和实验室接待客户人员或检测人员识别出需偏离标准规定的方法和要求实施检验检测/校准时，应按该检验检测机构和实验室体系文件的要求，提出方法偏离申请，填写方法偏离申请单，说明偏离的内容与原因，交业务管理部门审核。

（二）判断方法偏离的技术

业务管理部门组织相关人员进行方法偏离论证，论证内容一般包括（不限于）：

（1）方法偏离的必要性；

（2）方法偏离的合理性；

（3）通过试验数据评估方法偏离方案的可行性，作出技术判断。

（三）编制方法偏离报告并获得批准

当通过试验数据评估方法偏离方案可能造成不良后果时，应向技术负责人报告并终止方法偏离活动。

只有经技术判断确认方法偏离不会影响检验检测/校准结果有效性时，方可进入批准阶段。相关人员应编制方法偏离报告，按规定报技术主管批准。

方法偏离报告一般包括如下内容（不限于）：

（1）偏离方法来源；

（2）偏离内容；

（3）方法偏离确认步骤；

（4）实验设计与实验数据；

（5）方法偏离确认结果；

（6）方法偏离技术评估；

（7）规定格式、确认时间、确认人员、审查批准人员等。

（四）告知并获得客户同意

当方法偏离与客户委托业务有关时，检验检测机构和实验室应与客户联系并征得客户的意见，记录与客户沟通的内容。当客户知道偏离了规定条件仍要求进行检验检测或校准时，检验检测机构和实验室应在报告中作出免责声明，并指出方法偏离可能影响的结果。

（五）方法偏离实施

（1）在实施方法偏离的过程中，检验检测机构和实验室应安排对方法偏离实施进行结果监控，评估检测结果，如果产生不良影响则应立即采取补救措施。

（2）实施方法偏离的可行性评估记录、批准文件及客户同意的书面意见或口头意见的记录应附在原始记录后，随检验检测/校准报告一并存档保管。

八、方法偏离控制记录

方法偏离控制记录一般包括如下内容：

（1）以安全和保密方式保管书面和电子文件，在规定保管期内妥善保管；

（2）客户委托或告知客户同意的方法偏离协议；

（3）方法偏离活动的相关记录表单（方法偏离申请单、实验检测原始记录、审批单等）；

（4）方法偏离确认报告；

（5）对方法偏离的后续跟踪（如适用）；

（6）信息交流记录；

（7）投诉及处理记录（如适用）；

（8）其他相关文件。

第三节　方法偏离案例分析

例1：现场突发事故排查

某油田管理区外输原油有机氯含量突然升高，造成输油停止，涉及周边50多口油井停产，须立即排查问题油井。

原油有机氯含量的测定执行GB/T 18612—2011《原油有机氯含量的测定》，测定过程经过原油脱水、蒸馏提取204 ℃馏分油、馏分油洗涤脱水、微库仑测定馏分油中的有机氯含量。在测定的过程中，原油脱水和蒸馏两个环节耗时较多，一套设备一天只能出2～3个数据，而停产1天将造成巨大的经济损失。为了在最短的时间内准确排查出问题井，实验室与管理区及相关的管理部门协商，征得客户同意后，制定了原油有机氯含量的快速检测方案，对原国标方法中称样量和蒸馏温度实施了偏离，见表6.1。

见表 6.1　原油有机氯含量的测定偏离方案

序号	GB/T 18612—2011	偏离后实验条件	实施原因
1	称样量 500 g	120g	减少样品前处理时间和蒸馏时间，大大减少实验时间
2	蒸馏温度 204 ℃	110 ℃	判断有机氯主要成分为二氯乙烷，沸点 70 ℃左右，蒸馏到 110 ℃可将 70%～80% 的有机氯蒸馏出来，不会影响结果的判断

按照原油有机氯含量的快速检测方案，首先，降低了样品数量，大大减少了样品脱水和蒸馏的时间，但会使实验结果的相对误差变大；其次，降低了样品的蒸馏温度，会大大缩短蒸馏时间，但高馏分的有机氯蒸馏不出来，会使测定结果偏低，但通过以往的经验和采油工艺原理分析，判断有机氯主要成分可能为二氯乙烷，沸点 70 ℃左右，在 110 ℃应能将 70%～80% 的有机氯蒸馏出来，不会影响结果的判断。部分检测结果见表 6.2。

表 6.2　原油有机氯含量的测定结果

井号	蒸馏温度	称样量/g	馏分油质量/g	馏分油密度/（g/cm^3）	测试值/（μg/ml）
1	110 ℃	118.02	19.36	0.7497	1.11
2	**110 ℃**	**118.02**	**26.32**	**0.8217**	**300.36**
3	110 ℃	119.25	11.02	0.7398	0.92
4	**110 ℃**	**119.85**	**29.16**	**0.8220**	**456.25**
5	110 ℃	120.83	21.06	0.7477	0.79

由上表结果可以看出，2#井和 4#井的原油有机氯含量远远超过其他井，断定问题出在 2#井和 4#井上。以此为依据恢复了其他井的生产，对问题井的近期作业情况进行逐一排查，发现问题原因，尽快恢复了生产。

此类偏离在处理突发事件的问题排查时经常遇到，抓住问题的主要矛盾，保生产，保安全。在处理此类偏离时，应注意以下问题：

（1）技术判断可能存在的差异和风险，不能影响结果判定；

（2）制定可行的实施方案，征得客户同意，批准方案；

（3）出具的数据应注明实验条件（偏离的情况）；

（4）事后应进一步按标准方法核查结果。

例 2：电线电缆绝缘层厚度测量偏离

电线电缆绝缘层厚度测量执行 GB/T 2951.11—2008《电缆和光缆绝缘和护套材料通用试验方法 第 11 部分：通用试验方法——厚度和外形尺寸测量——机械性能试验》，标准规定绝缘层厚度的测量使用的测量装置为："读数显微镜或放大倍数至少 10 倍的投影仪，两种装置读数应至 0.01 mm。"

某实验室接到一批电线电缆检测任务，检测到一半时，测量绝缘层厚度的投影仪突然发生故障无法使用，检测工作被迫中断。实验室考虑使用读数精度为 0.001 mm 的杠杆千分尺代替投影仪进行测量。经技术分析认为，杠杆千分尺的准确度等级高于投影仪，投影仪有放大功能，杠杆千分尺却没有。对绝缘层而言，放大之后尤其是内侧可见明显的凹槽，选择不同的位置，结果会有区别，但到底能差多少，以前没有对比过，不好判断是否满足标准的要求。检验检测机构和实验室经过与客户协商暂不实施偏离，将剩余的产品分包给有资质的检验检测机构和实验室，同时用杠杆千分尺与分包实验室开展绝缘层厚度比对实验，确认两种设备测试结果的差异性。比对结果见表6.3。

表6.3 杠杆千分尺与投影仪测试结果比较

样品编号	1	2	3	4	5	6
投影仪/mm	0.91	0.93	0.95	1.07	0.77	0.77
杠杆千分尺/mm	0.87	0.90	0.93	1.07	0.76	0.75
偏差/mm	0.04	0.03	0.02	0.00	0.01	0.02

从表6.3的检测结果来看，6组样品的检测结果，最大偏差为0.04 mm，满足标准规定的偏差要求。通过这一结果，检验检测机构和实验室做了电线电缆绝缘层厚度测量偏离预案，即当遇到突发设备问题时，用杠杆千分尺临时代替投影仪进行测量在技术上是可行的。

此案例的核心是技术判断。检验检测机构和实验室较容易犯的错误是草率地进行技术判断，没有相关的技术储备和数据支撑，凭感觉就决定偏离，风险会非常大。

例3：接收样品时的偏离

某检验检测机构和实验室在接受金属拉伸试验委托时，样品是客户制作好的哑铃状条形样品。样品接收员在接收样品时发现样品表面有细微加工槽，不符合测试要求，与客户反复沟通，客户坚持试样是从大型试件上取下的，原试件本身带有细微加工槽，试验目的就是想验证细微加工槽对拉伸强度的影响，因此坚持要按标准做测试。实验室了解客户意图后，经过风险评估，认为可以接受样品偏离，按客户要求进行了测试，并在委托检测合同中对接受的样品进行了详细描述，说明了样品缺陷，在检测报告中也注明了样品的偏离。

此类偏离往往是客户要求偏离，重点是风险评估，切忌一味听取客户的要求。

例如，煤炭检测，样品接收员在接收样品时发现样品包装材料损坏、样品暴露，导致样品在运输过程中可能发生水分损失且无法补正，客户坚持要按标准做测试。实验室经过风险评估认为，煤炭检测多数是供需双方的验收检测，涉及符合性判定和结算的风险。样品水分损失会造成热值测试不准确，影响此类大宗物资的结算，可能会惹上法律纠纷，因此拒绝了客户的要求。

此类偏离应注意以下问题。

（1）仅限委托检验。监督检验一般不接受样品偏离。

（2）检测委托合同中应明确注明样品数量、外观及实验条件的偏离，必要时注明只提供数据，不进行判定，减少判定可能引起的法律风险。

（3）报告结论：只提供检测数据，不作判定。报告中要注明偏离的情况。

（4）不接受有失公正性的偏离（降低温度或提高加量应慎重偏离）。

（5）重点：风险评估。

附表1 F检验统计分布数值表

置信度95%时F值（单边）

f大 f小	2	3	4	5	6	7	8	9	10	—
2	19.0	19.16	19.25	19.30	19.33	19.36	19.37	19.38	19.39	19.5
3	9.55	9.28	9.12	9.01	8.94	8.88	8.84	8.81	8.78	8.53
4	6.94	6.59	6.39	6.26	6.16	6.09	6.04	6.00	5.96	5.63
5	5.79	5.41	5.19	5.05	4.95	4.88	4.82	4.78	4.74	4.36
6	5.14	4.76	4.53	4.39	4.28	4.21	4.51	4.10	4.06	3.67
7	4.74	4.35	4.12	3.97	3.87	3.79	3.73	3.68	3.63	3.23
8	4.46	4.07	3.84	3.69	3.58	3.50	3.44	3.39	3.34	2.93
9	4.26	3.86	3.63	3.48	3.37	3.29	3.23	3.18	3.13	2.71
10	4.10	3.71	3.48	3.33	3.22	3.14	3.07	3.02	2.97	2.54
—	3.00	3.60	2.37	3.21	2.10	2.01	1.94	1.88	1.83	1.00

注：横向为大方差数据的自由度；纵向为小方差数据的自由度。

此表引自GB 4086.4—1983统计分布数值表分布。

附表2 t检验统计分布数值表

单侧	75%	80%	85%	90%	95%	97.5%	99%	99.5%	99.75%	99.9%	99.95%
双侧	50%	60%	70%	80%	90%	95%	98%	99%	99.5%	99.8%	99.9%
1	1.000	1.376	1.963	3.078	6.314	12.91	31.82	63.66	127.3	318.3	636.6
2	0.816	1.061	1.386	1.886	2.920	4.303	6.965	9.925	14.09	22.33	31.60
3	0.765	0.978	1.250	1.638	2.353	3.182	4.541	5.841	7.453	10.21	12.92
4	0.741	0.941	1.190	1.533	2.132	2.776	3.747	4.604	5.598	7.173	8.610
5	0.727	0.920	1.156	1.476	2.015	2.571	3.365	4.032	4.773	5.893	6.869
6	0.718	0.906	1.134	1.440	1.943	2.447	3.14	3.707	4.317	5.208	5.959
7	0.711	0.896	1.119	1.415	1.895	2.365	2.998	3.499	4.029	4.785	5.408
8	0.706	0.889	1.108	1.397	1.860	2.306	2.896	3.355	3.833	4.501	5.041
9	0.703	0.883	1.100	1.383	1.833	2.262	2.821	3.250	3.690	4.297	4.781
10	0.700	0.879	1.093	1.372	1.812	2.228	2.764	3.169	3.581	4.144	4.587
11	0.697	0.876	1.088	1.363	1.796	2.201	2.718	3.106	3.497	4.025	4.437
12	0.695	0.873	1.083	1.356	1.782	2.179	2.681	3.055	3.428	3.930	4.318

注：此表引自GB 4086.3—1983统计分布数值表分布。

附　录

附录 1　检验检测机构资质认定评审准则

检验检测机构资质认定评审准则

第一章　总　则

第一条　依照《中华人民共和国计量法》及其实施细则、《中华人民共和国认证认可条例》等法律、行政法规的规定，为依法实施《检验检测机构资质认定管理办法》相关资质认定技术评审要求，制定本准则。

第二条　在中华人民共和国境内开展检验检测机构资质认定技术评审（含告知承诺核查，下同）工作，应当遵守本准则。

第三条　本准则所称检验检测机构，是指依照《检验检测机构资质认定管理办法》的相关规定，依法成立，依据相关标准或者技术规范，利用仪器设备、环境设施等技术条件和专业技能，对产品或者法律法规规定的特定对象进行检验检测的专业技术组织。

本准则所称资质认定，是指依照《检验检测机构资质认定管理办法》的相关规定，由市场监督管理部门依照法律、行政法规规定，对向社会出具具有证明作用的数据、结果的检验检测机构的基本条件和技术能力是否符合法定要求实施的评价许可。

本准则所称资质认定技术评审，是指依照《检验检测机构资质认定管理办法》的相关规定，由市场监管总局或者省级市场监督管理部门（以下统称资质认定部门）自行或者委托专业技术评价机构组织相关专业评审人员，对检验检测机构申请的资质认定事项是否符合资质认定条件以及相关要求所进行的技术性审查。

第四条　针对不同行业或者领域的特殊性，市场监管总局、国务院有关主管部门，依照有关法律法规的规定，制定和发布相关技术评审补充要求，评审补充要求与本准则一并作为技术评审依据。

第五条 依照《检验检测机构资质认定管理办法》《检验检测机构资质认定告知承诺实施办法（试行）》等的相关规定，对于采用告知承诺程序实施资质认定的，对检验检测机构承诺内容是否属实进行现场核查的内容与程序，应当符合本准则的相关规定。

第六条 资质认定技术评审工作应当坚持统一规范、客观公正、科学准确、公平公开、便利高效的原则。

第二章　评审内容与要求

第七条 资质认定技术评审内容包括：对检验检测机构主体、人员、场所环境、设备设施和管理体系等方面是否符合资质认定要求的审查。

第八条 检验检测机构应当是依法成立并能够承担相应法律责任的法人或者其他组织。

（一）检验检测机构或者其所在的组织应当有明确的法律地位，对其出具的检验检测数据、结果负责，并承担法律责任。不具备独立法人资格的检验检测机构应当经所在法人单位授权。

（二）检验检测机构应当以公开方式对其遵守法定要求、独立公正从业、履行社会责任、严守诚实信用等情况进行自我承诺。

（三）检验检测机构应当独立于其出具的检验检测数据、结果所涉及的利益相关方，不受任何可能干扰其技术判断的因素影响，保证检验检测数据、结果公正准确、可追溯。

（四）检验检测机构及其人员应当对其在检验检测活动中所知悉的国家秘密、商业秘密负有保密义务，并制定实施相应的保密措施。

第九条 检验检测机构应当具有与其从事检验检测活动相适应的检验检测技术人员和管理人员。

（一）检验检测机构与其人员建立劳动关系应当符合《中华人民共和国劳动法》《中华人民共和国劳动合同法》的有关规定，法律、行政法规对检验检测人员执业资格或者禁止从业另有规定的，依照其规定。

（二）检验检测机构人员的受教育程度、专业技术背景和工作经历、资质资格、技术能力应当符合工作需要。

（三）检验检测报告授权签字人应当具有中级及以上相关专业技术职称或者同等能力，并符合相关技术能力要求。

第十条 检验检测机构应当具有固定的工作场所，工作环境符合检验检测要求。

（一）检验检测机构具有符合标准或者技术规范要求的检验检测场所，包括固定的、临时的、可移动的或者多个地点的场所。

（二）检验检测工作环境及安全条件符合检验检测活动要求。

第十一条 检验检测机构应当具备从事检验检测活动所必需的检验检测设备设施。

（一）检验检测机构应当配备具有独立支配使用权、性能符合工作要求的设备和设施。

（二）检验检测机构应当对检验检测数据、结果的准确性或者有效性有影响的设备（包括用于测量环境条件等辅助测量设备）实施检定、校准或核查，保证数据、结果满足计量溯源性要求。

（三）检验检测机构如使用标准物质，应当满足计量溯源性要求。

第十二条 检验检测机构应当建立保证其检验检测活动独立、公正、科学、诚信的管理体系，并确保该管理体系能够得到有效、可控、稳定实施，持续符合检验检测机构资质认定条件以及相关要求。

（一）检验检测机构应当依据法律法规、标准（包括但不限于国家标准、行业标准、国际标准）的规定制定完善的管理体系文件，包括政策、制度、计划、程序和作业指导书等。检验检测机构建立的管理体系应当符合自身实际情况并有效运行。

（二）检验检测机构应当依法开展有效的合同审查。对相关要求、标书、合同的偏离、变更应当征得客户同意并通知相关人员。

（三）检验检测机构选择和购买的服务、供应品应当符合检验检测工作需求。

（四）检验检测机构能正确使用有效的方法开展检验检测活动。检验检测方法包括标准方法和非标准方法，应当优先使用标准方法。使用标准方法前应当进行验证；使用非标准方法前，应当先对方法进行确认，再验证。

（五）当检验检测标准、技术规范或者声明与规定要求的符合性有测量不确定度要求时，检验检测机构应当报告测量不确定度。

（六）检验检测机构出具的检验检测报告，应当客观真实、方法有效、数据完整、信息齐全、结论明确、表述清晰并使用法定计量单位。

（七）检验检测机构应当对质量记录和技术记录的管理作出规定，包括记录的标识、贮存、保护、归档留存和处置等内容。记录信息应当充分、清晰、完整。检验检测原始记录和报告保存期限不少于 6 年。

（八）检验检测机构在运用计算机信息系统实施检验检测、数据传输或者对检验检测数据和相关信息进行管理时，应当具有保障安全性、完整性、正确性措施。

（九）检验检测机构应当实施有效的数据、结果质量控制活动，质量控制活动与检验检测工作相适应。数据、结果质量控制活动包括内部质量控制活动和外部质量控制活动。内部质量控制活动包括但不限于人员比对、设备比对、留样再测、盲样考核等。外部质量控制活动包括但不限于能力验证、实验室间比对等。

第十三条 有关法律法规及标准、技术规范对检验检测机构的主体、人员、场所环境、设备设施和管理体系等条件有特殊规定的，检验检测机构还应当符合相关特殊要求。

第三章 评审方式与程序

第十四条 检验检测机构资质认定一般程序的技术评审方式包括：现场评审（现场评审工作程序见附件1）、书面审查（书面审查工作程序见附件2）和远程评审（远程评审工作程序见附件3）。根据机构申请的具体情况，采取不同技术评审方式对机构申请的资质认定事项进行审查。(一般程序审查〔告知承诺核查〕表见附件4)。

第十五条 现场评审适用于首次评审、扩项评审、复查换证（有实际能力变化时）评审、发生变更事项影响其符合资质认定条件和要求的变更评审。现场评审应当对检验检测机构申请相关资质认定事项的技术能力进行逐项确认，根据申请范围安排现场试验。安排现场试验时应当覆盖所有申请类别的主要或关键项目/参数、仪器设备、检测方法、试验人员、试验材料等，并覆盖所有检验检测场所。现场评审结论分为“符合”“基本符合”“不符合”三种情形。

第十六条 书面审查方式适用于已获资质认定技术能力内的少量参数扩项或变更（不影响其符合资质认定条件和要求）和上一许可周期内无违法违规行为、未列入失信名单且申请事项无实质性变化的检验检测机构的复查换证评审。书面审查结论分为“符合”“不符合”两种情形。

第十七条 远程评审是指使用信息和通信技术对检验检测机构实施的技术评审。采用方式可以为（但不限于）：利用远程电信会议设施等对远程场所（包括潜在危险场所）实施评审，包括音频、视频和数据共享以及其他技术手段；通过远程接入方式对文件和记录审核，同步的（即实时的）或者是异步的（在适用时）通过静止影像、视频或者音频录制的手段记录信息和证据。下列情形可选择远程评审：

（一）由于不可抗力（疫情、安全、旅途限制等）无法前往现场评审；

（二）检验检测机构从事完全相同的检测活动有多个地点，各地点均运行相同的管理体系，且可以在任何一个地点查阅所有其他地点的电子记录及数据的；

（三）已获资质认定技术能力内的少量参数变更及扩项；

（四）现场评审后仍需要进行复核，但复核无法在规定时间内完成。

远程评审结论分为“符合”“基本符合”“不符合”三种情形。

第十八条 检验检测机构资质认定告知承诺依据《检验检测机构资质认定告知承诺实施办法（试行)》和有关规定实施。应当对检验检测机构承诺的真实性进行现场核查（告知承诺程序核查表见附件4)。告知承诺的现场核查程序参照一般程序的现场评审方式进行。

第十九条 告知承诺现场核查应当由资质认定部门组织实施，现场核查人员应当在规定的时限内进行核查并出具现场核查结论。核查结论分为：“承诺属实”“承诺基本属实”“承诺严重不实/虚假承诺”三种情形。并根据相应结论，由核查组通知申请人整改，或者向资质认定部门作出撤销相应许可事项的建议。

第四章 附 则

第二十条 专业技术评价机构以及相关评审人员在技术评审活动中的违法违规行为，依照《检验检测机构资质认定管理办法》及《检验检测机构资质认定评审员管理办法（试行）》的相关规定予以处理。

第二十一条 本准则自2023年12月1日起施行。《检验检测机构资质认定评审准则》（国认实〔2016〕33号）同时废止。

附件：1. 检验检测机构资质认定现场评审工作程序
2. 检验检测机构资质认定书面审查工作程序
3. 检验检测机构资质认定远程评审工作程序
4.《检验检测机构资质认定评审准则》一般程序审查（告知承诺核查）表

附件 1

检验检测机构资质认定现场评审工作程序

1　目的

本程序依照《检验检测机构资质认定管理办法》的相关资质认定技术评审要求制定，目的是规范检验检测机构资质认定现场技术评审工作。

2　适用范围

本程序适用于对检验检测机构开展的资质认定现场评审工作，包括材料审查、现场评审实施、跟踪验证及评审材料上报等全过程。告知承诺的现场核查程序参照现场评审工作程序进行。

现场评审适用于首次评审、扩项评审、复查换证（有实际能力变化时）评审、发生变更事项影响其符合资质认定条件和要求的变更评审。

首次评审：对未获得资质认定的检验检测机构，在其建立和运行管理体系 3 个月后提出申请，资质认定部门对其机构主体、人员、场所环境、设备设施、管理体系等方面是否符合资质认定要求的审查。

扩项评审：对已获得资质认定的检验检测机构，申请增加资质认定检验检测项目，资质认定部门对其机构主体、人员、场所环境、设备设施、管理体系等方面是否符合资质认定要求的审查。

复查换证评审：对已获得资质认定的检验检测机构，在资质认定证书有效期届满 3 个月前申请办理证书延续，资质认定部门对其机构主体、人员、场所环境、设备设施、管理体系等方面是否符合资质认定要求的审查。

变更评审：对已获得资质认定的检验检测机构，其工作场所、技术能力等依法须要办理变更的事项发生变化，资质认定部门对其机构主体、人员、场所环境、设备设施、管理体系等方面是否符合资质认定要求的审查。

3　实施部门

3.1　资质认定部门受理检验检测机构的资质认定事项申请后，依照《检验检测机构资质认定管理办法》的相关规定，根据技术评审需要和专业要求，自行或者委托专业技术评价机构组织相关专业评审人员实施资质认定技术评审。

3.2 组建评审组

3.2.1 评审组组成

资质认定部门或者其委托的专业技术评价机构，应当根据检验检测机构申请资质认定事项的检验检测项目和专业类别，按照专业覆盖、随机选派的原则组建评审组。评审组由1名组长、1名及以上评审员或者技术专家组成。评审组成员应当在组长的组织下，按照资质认定部门或者其委托的专业技术评价机构下达的评审任务，独立开展资质认定评审活动，并对评审结论负责。

3.2.2 职责

1）评审组长职责

a. 带头遵守评审纪律和行为准则，对评审组成员行为规范提出要求，对评审组成员进行必要的指导，对评审组成员的现场评审表现作出评价；

b. 带领评审组开展现场评审工作，并对现场评审活动的合法性、规范性及评审结论的准确性、真实性、完整性负责；

c. 代表评审组与检验检测机构沟通，协调、控制现场评审过程，裁决评审工作中的分歧和其他事宜；

d. 协调评审组与资质认定部门派出的监督人员的联系；

e. 负责现场评审前的策划，包括：审查文件、安排评审日程、向评审组成员分配任务、明确分工要求、提供评审背景信息、策划现场试验项目、准备现场评审记录表单、填写评审的前期准备记录以及评审前应当准备的其他事项等；

f. 现场评审首次会议前，向评审组介绍评审的有关工作内容和要求；

g. 根据检验检测机构实际情况，组织实施现场评审工作，重点关注检验检测机构管理体系运行的有效性，结合评审组成员的意见，形成评审报告，提出现场评审结论；

h. 组织对检验检测机构整改情况的跟踪验证；

i. 负责评审资料的汇总和整理，及时向资质认定部门或者其委托的专业技术评价机构报告评审情况和结论以及报送评审资料。

2）评审员职责

a. 遵守评审纪律和行为准则，服从评审组长的安排和调度，按照评审日程和评审任务分工完成评审工作，对其评审内容结论的准确性、真实性、完整性负责；

b. 按照评审组的分工，做好评审前的信息收集，协助评审组长组织现场试验考核，开展检验检测能力确认工作，及时记录评审活动信息，完成评审报告中相关记录的填写；

c. 及时与评审组长沟通，处理评审中发现的疑难问题；

d. 协助评审组长完成对检验检测报告授权签字人的评审考核；

e. 完成评审组长安排的其他任务。

3）技术专家职责

a. 遵守评审纪律和行为准则，服从评审组长的安排和调度，按照评审日程和评审任务分工完成评审工作，对其评审内容结论的准确性、真实性、完整性负责；

b. 按照评审组的分工，协助评审组长或者评审员组织现场试验考核、开展检验检测能力确认工作，及时记录评审活动信息，完成评审报告中相关记录的填写；

c. 及时与评审组长沟通，处理评审中发现的疑难问题；

d. 协助评审组长完成对检验检测报告授权签字人的评审考核；

e. 完成评审组长安排的其他任务。

4 工作流程

4.1 材料审查

评审组长应当在评审员或者技术专家的配合下对检验检测机构提交的申请材料进行审查。通过审查《检验检测机构资质认定申请书》及其他相关资料，对检验检测机构的机构主体、人员、检验检测技术能力、场所环境、设备设施、管理体系等方面进行了解，并依据《检验检测机构资质认定评审准则》及相应的技术标准，对申请人的申报材料进行文件符合性审查，并予以初步评价。

4.1.1 审查要点

1）《检验检测机构资质认定申请书》及附件的审查要点

a. 检验检测机构的法人地位证明材料，其经营范围是否包含检验检测的相关表述，并符合公正性要求；非独立法人检验检测机构是否提供了所在法人单位的授权文件；

b. 检验检测机构是否有固定的工作场所，是否具有产权证明或者租借合同；

c. 检验检测能力申请表中的项目/参数及所依据的标准是否正确，是否属于资质认定范围；

d. 仪器设备（标准物质）配置的填写是否正确，所列仪器设备是否符合其申请项目/参数的检验检测能力要求，并可独立支配使用；

e. 检验检测报告授权签字人职称和工作经历是否符合规定；

f. 申请项目类别涉及的典型报告是否符合要求。

2）管理体系文件的审查要点

a. 管理体系文件是否包括《检验检测机构资质认定管理办法》《检验检测机构资质认定评审准则》及相关行业特殊要求等相关规定；

b. 管理体系是否描述清楚，要素阐述是否简明、切实，文件之间接口关系是否明确；

c. 质量活动是否处于受控状态，管理体系是否能有效运行并进行自我改进；

d. 需要有管理体系文件描述的要素，是否均被恰当地编制成了文件；

e. 管理体系文件结合检验检测机构的特点，是否具有可操作性；

f. 审查多场所检验检测机构的管理体系文件时，应当注意管理体系文件是否覆盖检验检测机构申请资质认定的所有场所，各场所与总部的隶属关系及工作接口是否描述清晰，沟通渠道是否通畅，各分场所内部的组织机构（适用时）及人员职责是否明确。

4.1.2　审查结果

评审组长应当在收到申请材料5个工作日内完成材料审查，并将审查结果反馈资质认定部门或者其委托的专业技术评价机构。

材料审查的结果主要有以下几种情况：

1）实施现场评审

当材料审查符合要求，或者材料中虽然存在问题，但不影响现场评审的实施时，评审组长可建议实施现场评审。

2）暂缓实施现场评审

当材料审查不符合要求，或者材料中存在的问题影响现场评审的实施时，评审组长可建议暂缓实施现场评审，由资质认定部门或者其委托的专业技术评价机构通知检验检测机构进行材料补正。

3）不实施现场评审

当材料审查不符合要求，或者材料中存在的问题影响现场评审的实施且经补正仍不符合要求，或者经确认不具备申请资质认定的技术能力时，可作出“不实施现场评审”的结论，建议不予资质认定。

材料审查的结果由资质认定部门或者其委托的专业技术评价机构通知检验检测机构。

4.2　下发现场评审通知

材料审查合格后，资质认定部门或者其委托的专业技术评价机构向检验检测机构下发《检验检测机构资质认定现场评审通知书》，同时告知评审组按计划实施现场评审。

4.3　现场评审前准备

4.3.1　评审组长应当保持与资质认定部门或者其委托的专业技术评价机构的良好沟通，获得检验检测机构的相关信息和资料。

4.3.2　评审组长应当与检验检测机构进行良好沟通，了解其基本状况以及可能对评审过程产生影响的特殊情况等。

4.3.3　评审组长应当编制《检验检测机构资质认定现场评审日程表》，明确评审的日期、时间、评审范围（要素、技术能力）、评审组分工等。

4.3.4　评审组长应当与评审组成员联系，并组织策划现场评审方案；组织评审组成员对申请的检验检测能力的表述规范性进行初步审核，拟定现场考核项目。

4.4 实施现场评审

4.4.1 预备会议

评审组长在现场评审前应当召开预备会，全体评审组成员应当参加，会议内容包括：

1）说明本次评审的目的、范围和依据；

2）声明评审工作的公正、客观、保密、廉洁要求；

3）介绍检验检测机构文件审查情况；

4）明确现场评审要求，统一有关判定原则；

5）听取评审组成员有关工作建议，解答评审组成员提出的疑问；

6）确定评审组成员分工，明确评审组成员职责，并向评审组成员提供相关评审文件及现场评审表格；

7）确定现场评审日程表；

8）必要时，要求检验检测机构提供与评审相关的补充材料；

9）必要时，对新获证评审员和技术专家进行必要的培训及评审经验交流。

4.4.2 首次会议

首次会议由评审组长主持召开，评审组全体成员、检验检测机构管理层、技术负责人、质量负责人和评审组认为有必要参加的所申请检验检测项目相关人员应当参加首次会议，会议内容如下：

1）宣布开会，介绍评审组成员；检验检测机构介绍与会人员；

2）评审组长说明评审的任务来源、目的、依据、范围、原则，明确评审将涉及的部门、人员；确认评审日程表；

3）宣布评审组成员分工；

4）强调公正客观原则、保密承诺和廉洁自律要求，向检验检测机构作出评审人员行为规范承诺，并公开资质认定部门监督电话和邮箱；

5）澄清有关问题，明确限制要求和安全防护措施（如洁净区、危险区、限制交谈人员等）；

6）确定检验检测机构为评审组配备的陪同人员，确定评审组的工作场所及评审工作所需资源。

4.4.3 检验检测机构场所考察

首次会议结束，由陪同人员引领评审组进行现场考察，考察检验检测机构相关的办公及检验检测场所。现场考察的过程是观察、考核的过程。有的场所通过一次性的参观之后可能不再重复检查，评审组应当利用有限的时间收集最大量的信息，在现场考察的同时及时进行有关的提问，有目的地观察环境条件、设备设施是否符合检验检测的要求，并做好记录。

4.4.4　现场考核

1）考核项目的选择

首次评审或者扩项评审的现场考核项目需覆盖申请能力的所有类别、参数或设备。复查换证评审和地址变更时可根据具体情况酌情减少。考核方式有报告验证和现场试验。

2）报告验证

积极采信申请参数的能力验证结果及有效的外部质量控制结果。

3）现场试验

a. 现场试验考核的方式

对检验检测机构的现场试验考核，可采取见证试验、盲样考核、操作演示；也可采取人员比对、仪器比对、留样再测等方式。样品来源包括评审组提供和检验检测机构自备。

b. 现场试验考核结果的应用

原则上现场试验除操作演示外须提供全部原始记录及必要的检验检测报告；当采用电子记录时，应当关注电子数据的准确性、完整性、安全性。在现场考核中，如结果数据不满意，应当要求检验检测机构分析原因；如属偶然原因，可安排检验检测机构重新试验；如属于系统偏差，则应当认为检验检测机构不具备该项检验检测能力。

c. 现场试验的评价

现场试验结束后，评审组应当对试验的结果进行评价，评价内容包括采用的检验检测方法是否正确；检验检测数据、结果的表述是否规范、清晰；检验检测人员是否有相应的检验检测能力；环境设施的适宜程度；样品的采集、标识、分发、流转、制备、保存、处置是否规范；检验检测设备、测试系统的调试、使用是否正确；检验检测记录是否规范等；并在现场考核项目表中给出总体评价结论。

4.4.5　现场提问

现场提问是现场评审的一部分，是评价检验检测机构工作人员是否经过相应的教育、培训，是否具有相应的经验和技能而进行资格确认的一种形式。检验检测机构管理层、技术负责人、质量负责人、检验检测报告授权签字人、各管理岗位人员以及评审组认为有必要提问的所申请检验检测项目相关人员均应当接受现场提问。

现场提问可与现场考察、现场试验考核、查阅记录等活动结合进行，也可以在座谈等场合进行。

现场提问的内容可以是基础性的问题，如对法律法规、评审准则、管理体系文件、检验检测方法、检验检测技术等方面的提问，也可对评审中发现的问题、尚不清楚的问题作跟踪性或者澄清性提问。

4.4.6　记录查证

管理体系运行过程中产生的质量记录，以及检验检测过程中产生的技术记录是复现管理过程和检验检测过程的有力证据。评审组应当通过对检验检测机构记录的查证，评价管理体系运行的有效性，以及技术活动的正确性。对记录的查阅应当注重以下问题：

1）文件资料的控制以及档案管理是否适用、有效、符合受控的要求，并有相应的资源保证；

2）管理体系运行记录是否齐全、科学，能否有效反映管理体系运行状况；

3）原始记录、检验检测报告格式内容是否合理，并包含足够的信息；

4）记录是否清晰、准确，是否包括影响检验检测数据、结果的全部信息；

5）记录的形成、修改、保管是否符合管理体系文件的有关规定。

4.4.7　现场评审记录的填写

对检验检测机构现场评审的过程应当记录在《检验检测机构资质认定评审报告》的评审表中。评审组在依据《检验检测机构资质认定评审准则》对检验检测机构进行评审的同时，应当详细记录基本符合和不符合条款及事实。

4.4.8　现场座谈

通过现场座谈考核检验检测机构技术人员和管理人员基础知识、了解检验检测机构人员对管理体系文件的理解、交流现场观察中的一些问题、统一认识。检验检测机构的以下人员应当参加座谈会：各级管理人员、检验检测人员、新增员工及评审组认为有必要参加的相关人员。座谈中应当针对以下问题进行提问和讨论：

1）对《检验检测机构资质认定评审准则》的理解；

2）对管理体系文件的理解；

3）《检验检测机构资质认定评审准则》和管理体系文件在实际工作中的应用情况；

4）各岗位人员对其职责的理解；

5）对应当具备的专业知识的掌握情况；

6）评审过程中发现的一些问题，以及需要与检验检测机构澄清的问题。

4.4.9　检验检测能力的确定

确认检验检测机构的检验检测能力是评审组进行现场评审的核心环节，每一名评审组成员都应当严肃认真地核查检验检测机构的能力，为资质认定行政许可提供真实可靠的评审结论。

1）建议批准的检验检测能力应符合以下条件：

a. 人员具备正确开展相关检验检测活动的能力；

b. 检验检测活动全过程所需要的全部设备的量程、准确度必须符合预期使用要求；对检验检测结果有影响的设备（包括用于测量环境条件等辅助测量设备）应当实施检定、校准或核查，保证数据、结果满足计量溯源性要求。对溯源结果进行确认，确认内容包括溯源性证明文件（溯源证书）的有效性，及其提供的溯源性结果是否符合检验检测要求。溯源产生的修正信息（修正值、修正因子等）应当有效正确利用；

c. 检验检测方法应当使用有效版本。应当优先使用标准方法，使用标准方法前应当进行验证；使用非标准方法前应当先进行确认，再验证，以确保该非标准方法的科学、准确、可靠，符合预期用途；

d. 设施和环境符合检验检测活动要求；

e. 能够通过现场试验或者报告验证有效证明相应的检验检测能力。

2）确定检验检测能力时应当注意以下问题：

a. 检验检测能力是以现有的条件为依据，不能以许诺、推测作为依据；

b. 检验检测项目按申请的范围进行确认，评审组不得擅自增加项目，特殊情况须报资质认定部门同意后，方可调整；

c. 检验检测机构不能提供检验检测方法、检验检测人员不具备相应的技能、无检验检测设备或者检验检测设备配置不正确、环境条件不符合检验检测要求的，均按不具备检验检测能力处理；

d. 同一检验检测项目中只有部分符合方法要求的，应当在“限制范围”栏内予以注明；

e. 检验检测能力中的非标准方法，应当在“限制范围”栏内予以注明：仅限特定合同约定的委托检验检测。

4.4.10　评审组确认的检验检测能力的填写

评审报告中的检验检测机构能力表，应当按检验检测机构能力分类规范表述。

4.4.11　评审组内部会

在现场评审期间，每天应当安排时间召开评审组内部会，主要内容有：交流当天评审情况，讨论评审发现的问题，确定是否构成不符合项；评审组长了解评审工作进度，及时调整评审组成员的工作任务，组织、调控评审过程；对评审组成员的一些疑难问题提出处理意见。

最后一次评审组内部会，由评审组长主持，对评审情况进行汇总，确定建议批准的检验检测能力，提出存在的问题和整改要求，形成评审结论并做好评审记录。

4.4.12　与检验检测机构的沟通

形成评审组意见后，评审组长应当与检验检测机构最高管理层进行沟通，通报评审中发现的基本符合情况、不符合情况和评审结论意见，听取检验检测机构的意见。

4.4.13　评审结论

评审结论分为“符合”“基本符合”“不符合”三种。

4.4.14　评审报告

评审组长负责撰写评审组意见，意见主要内容包括：

1）现场评审的依据；

2）评审组人数；

3）现场评审时间；

4）评审范围；

5）评审的基本过程；

6）对检验检测机构管理体系运行有效性和承担第三方公正检验检测的评价；

7）人员素质；

8）仪器设备设施；

9）场所环境条件；

10）检验检测报告的评价；

11）对现场试验考核的评价；

12）建议批准通过资质认定的项目数量；

13）基本符合、不符合情况；

14）需要说明的其他事项。

以上评审内容完成后形成评审报告，评审组成员和检验检测机构有关人员分别在评审报告相应栏目内签字确认。

4.4.15　末次会议

末次会议由评审组长主持召开，评审组成员全部参加，检验检测机构的主要负责人必须参加。末次会议内容包括：

1）评审情况和评审中发现的问题；

2）宣读评审意见和评审结论；

3）提出整改要求；

4）检验检测机构对评审结论发表意见；

5）宣布现场评审工作结束。

4.5　整改的跟踪验证

现场评审结束后，评审结论为“基本符合”的检验检测机构对评审组提出的整改项进行整改，整改时间不超过30个工作日。

4.5.1　检验检测机构提交整改报告和相关见证材料，报评审组长确认。

4.5.2　评审组长在收到检验检测机构的整改材料后，应当在5个工作日内组织评审组成员完成跟踪验证。

4.5.3　整改有效、符合要求的，由评审组长填写《检验检测机构资质认定评审报告》中的整改完成记录及评审组长确认意见，向资质认定部门或者其委托的专业技术评价机构上报评审相关材料。

4.5.4 整改不符合要求或者超过整改期限的，评审结论为“不符合”，上报资质认定部门或者其委托的专业技术评价机构。

4.6 评审材料汇总上报

评审结束，整改材料验证完成后，评审组应当向资质认定部门或者其委托的专业技术评价机构上报评审相关材料，包括评审报告、整改报告、评审中发生的所有记录等。

4.7 终止评审

检验检测机构的以下情况，评审组应当请示资质认定部门或者其委托的专业技术评价机构，经同意后可终止评审：

1）无合法的法律地位；

2）人员严重不足；

3）场所严重不符合检验检测活动的要求；

4）缺乏必备的设备设施；

5）管理体系严重失控；

6）存在严重违法违规问题或被列入经营异常名录、严重违法失信名单；

7）不配合致使评审无法进行；

8）申请材料与真实情况严重不符。

附件2

检验检测机构资质认定书面审查工作程序

1 目的

本程序依据《检验检测机构资质认定管理办法》的相关资质认定技术评审要求制定，其目的是规范检验检测机构资质认定书面审查工作。

2 适用范围

本程序适用于对检验检测机构开展的资质认定书面审查工作。

书面审查方式适用于已获资质认定技术能力内的少量参数扩项或变更（不影响其符合资质认定条件和要求）和上一许可周期内无违法违规行为、未列入失信名单且申请事项无实质性变化的检验检测机构的复查换证评审。

3 书面审查程序

3.1 检验检测机构提交的申请资料应当真实可靠，申请人不存在欺诈、隐瞒或者故意违反《检验检测机构资质认定管理办法》及《检验检测机构资质认定评审准则》要求的行为，包括但不限于：

1）申请资料与事实不符；

2）同一材料内或者材料与材料之间多处出现自相矛盾或者逻辑错误；

3）与其他申请人资料雷同。

3.2 变更评审

3.2.1 适用于书面审查的变更评审包括下列情形：

1）检验检测报告授权签字人变更（授权签字人授权范围变更）；

2）检验检测方法发生变更但不涉及技术能力的实质变化；

3.2.2 由资质认定部门核查申请材料的完整性，并审查是否符合《检验检测机构资质认定评审准则》的要求，给出审批意见。

3.3 复查换证评审

3.3.1 适用于书面审查的复查换证评审为上一许可周期内无违法违规行为、未列入失信名单且申请事项无实质性变化的检验检测机构提出的复查申请。

3.3.2 由资质认定部门核查申请材料的完整性，并审查是否符合《检验检测机构资质认定评审准则》的要求，给出审批意见。

3.4 扩项评审

3.4.1 适用于已获资质认定技术能力内的少量参数扩项申请。

3.4.2 由资质认定部门核查申请材料的完整性，并审查是否符合《检验检测机构资质认定评审准则》的要求，给出审批意见。

3.5 当因受书面审查方式限制而导致检验检测机构的基本条件和技术能力确认存在疑点或者不充分的情况时，资质认定部门应当视风险情况，追加现场评审或者远程评审。

附件3

检验检测机构资质认定远程评审工作程序

1 目的

本程序依据《检验检测机构资质认定管理办法》的相关资质认定技术评审要求制

定，其目的是规范检验检测机构资质认定远程评审工作。

2 适用范围

本程序适用于对检验检测机构开展的资质认定远程评审工作。

远程评审方式适用于涉及实际技术能力变化的变更、扩项申请，以下情形可选择远程评审：由于不可抗力（疫情、安全、旅途限制等）无法前往现场评审；检验检测机构实验室从事完全相同的检测活动有多个地点，各地点均运行相同的管理体系，且可以在任何一个地点查阅所有其他地点的电子记录及数据的；已获资质认定技术领域能力内的少量参数变更及扩项；现场评审后需要进行跟踪评审，但跟踪评审无法在规定时间内完成。

3 实施部门

确定实施部门，组建评审组的程序与现场评审工作程序一致。

4 工作流程

4.1 材料审查

与现场评审工作程序一致。

4.2 评审通知的下发

材料审查合格后，资质认定部门或者其委托的专业技术评价机构向检验检测机构下发《检验检测机构资质认定远程评审通知书》，同时告知评审组按计划实施评审。

4.3 远程评审前准备

4.3.1 评审组长应当保持与资质认定部门或者其委托的专业技术评价机构的良好沟通，获得检验检测机构的相关信息和资料。

4.3.2 评审组长应当与检验检测机构进行良好沟通，了解其基本状况以及可能对评审过程产生影响的特殊情况等。

4.3.3 评审组长应当编制《检验检测机构资质认定远程评审日程表》，明确评审的日期、时间、评审范围（要素、技术能力）、评审组分工等。

4.3.4 评审组长应当与评审组成员联系，并组织策划远程评审方案；组织评审组成员对《检验检测能力申请表》的表述规范性进行初步审核，拟定现场考核项目。

4.3.5 远程评审前，评审双方应当对远程评审所需的信息和通信技术的软硬件配置的适宜性、相关人员的信息和通信技术能力、信息和通信技术的安全性和保密性等是否符合实施远程评审条件进行确认，若不符合，则不能实施远程评审。

4.4 远程评审的实施

4.4.1 预备会议

评审组长在评审前以视频会议方式召开评审组预备会，会议内容和要求与现场评审工作程序一致。评审组成员可在各自办公场所通过视频会议参加远程评审预备会。

4.4.2 首次会议

首次会议以视频会议方式由评审组长主持召开，评审组全体成员，检验检测机构管理层、技术负责人、质量负责人及评审组认为有必要参加的所申请检验检测项目相关人员应当参加首次会议，会议内容与现场评审工作程序一致，首次会议的音频、视频等文件应当存档。

4.4.3 检验检测机构场所考察

首次会议结束，由陪同人员携带图像采集设备依照评审组指示对检验检测机构相关的办公及检验检测场所进行图像采集。评审人员可及时进行有关的提问，有目的地观察环境条件、设备设施是否符合检验检测的要求。考察检验检测机构场所的音频、视频等文件应当存档。

4.4.4 现场考核

1）考核项目的选择、报告验证和现场试验的要求与现场评审工作程序一致。

2）评审组应当对需要进行现场试验的检验检测能力进行实时视频评审，视频采集设备应当覆盖试验场所，检验检测人员在开始试验操作前应当向视频采集设备出示上岗证并声明即将开展的检验检测活动。

现场操作时应当有额外的视频采集设备近距离采集试验过程，评审员或者技术专家应当与被见证的检验检测人员保持顺畅的沟通，必要时检验检测机构应当调整摄像设备或者多角度拍摄以便评审员或者技术专家能完整地观摩。

当检验检测机构实际情况不适合进行实时视频考核时（如网络问题、检验检测机构屏蔽问题等），检验检测机构应当根据与评审组事先商定的要求预录制现场试验视频，预录制的影像应当清晰包含检验检测人员、检验检测用关键设备、环境设施、检验检测对象及检验检测全部流程。评审组通过观察现场试验的视频来确认检验检测能力。

3）报告验证所需相关材料可通过网络文件传输方式向评审组提供。视频采集等装置覆盖文件存放场所。配备实验室信息管理系统的检验检测机构，评审组可通过系统授权以远程调阅的方式查阅资料。

现场考核的音频、视频等文件应当存档。

4.4.5 现场提问

现场提问的要求与现场评审工作程序一致。

现场提问可与现场考察、现场试验考核、记录查阅等活动结合进行，也可在座谈会等场合进行。现场试验考核、记录查阅活动中的现场提问通过视频采集设备同步音频采集完成，座谈会现场提问通过会议音频、视频采集完成。现场提问相关音频、视频等文件应当存档。

4.4.6 记录查阅

查阅文件、记录时，存放文件和记录的场所应当有音频、视频采集设备覆盖，机构人员携带额外的音频、视频采集设备遵照评审组指示取出需要查阅的文件。通过网络文件传输方式向评审组提供文件和记录。配备实验室信息管理系统的检验检测机构，评审组可通过系统授权以远程调阅的方式查阅相关文件及记录。查阅的文件、记录及相关音频、视频等文件应当存档。

4.4.7 评审记录的填写

评审记录的填写要求与现场评审工作程序一致，评审记录由评审组通过网络文件传递方式完成。

4.4.8 现场座谈

现场座谈以视频会议的方式完成，会议内容与现场评审工作程序一致。座谈会音频、视频等文件应当存档。

4.4.9 检验检测能力的确定

检验检测能力的确定与现场评审工作程序一致。

4.4.10 评审组确认的检验检测能力的填写

由评审组成员根据自身分工完成，通过网络文件传输方式提交评审组长汇总。

4.4.11 评审组内部会

评审组内部会以视频会议的方式完成，会议内容与现场评审工作程序一致。内部会音频、视频等文件应当存档。

4.4.12 与检验检测机构的沟通

与检验检测机构的沟通以视频会议的方式完成，沟通内容与现场评审工作程序一致。沟通会音频、视频等文件应当存档。

4.4.13 评审结论

评审结论分为“符合”“基本符合”“不符合”三种。

4.4.14 评审报告

评审报告中应当清晰注明本次评审方式是远程评审，评审报告内容和要求与现场评审工作程序一致。评审组成员的签字可通过文件传递或者符合法律法规要求的电子签名的方式完成。

4.4.15 末次会议

末次会议以视频会议的方式完成，会议内容与现场评审工作程序一致。末次会音频、视频等文件应当存档。

4.5 整改的跟踪验证

整改的跟踪验证要求和程序与现场评审工作程序一致。

4.6 评审材料汇总上报

汇总上报的评审材料除附件1第4.6条款要求的材料以外，还应当包括所有远程评审过程中相关的音频、视频、照片等文件。

4.7 终止评审

检验检测机构的以下情况，评审组应当请示资质认定部门或者其委托的专业技术评价机构，经同意后可终止评审。

1）无合法的法律地位；

2）人员严重不足；

3）场所严重不符合检验检测活动的要求；

4）缺乏必备的设备设施；

5）管理体系严重失控；

6）存在严重违法违规问题或被列入经营异常名录、严重违法失信名单；

7）用于远程沟通的设备出现异常情况且短期内无法恢复；

8）远程评审准备不充分，严重影响评审进度，如不能按照评审计划及时提供评审组所需要的证据资料，接受评审的人员不能熟练操作远程通信软件，提供的文件、记录等资料模糊、不清晰等导致影响评审进度的情况；

9）在远程评审中存在刻意误导隐瞒等情况；

10）不配合致使评审无法进行；

11）申请资质认定材料与真实情况严重不符。

附件4

《检验检测机构资质认定评审准则》一般程序审查（告知承诺核查）表

条款	序号	具体审查（核查）内容	审查（核查）结论（在□中打√）		
			符合	基本符合	不符合
2	评审内容与要求				
2.8	检验检测机构应当是依法成立并能够承担相应法律责任的法人或者其他组织。				

续表

条款	序号	具体审查（核查）内容	审查（核查）结论 （在□中打√）		
			符合	基本符合	不符合
2.8.1*	检验检测机构或者其所在的组织应当有明确的法律地位，对其出具的检验检测数据、结果负责，并承担法律责任。不具备独立法人资格的检验检测机构应当经所在法人单位授权。		□	□	□
	1）	检验检测机构是法人机构的应当依法进行登记。企业法人注册经营范围不得包含生产、销售等影响公正性的内容。			
	2）	检验检测机构是其他组织（包括法人分支机构）的应当依法进行登记。			
	3）	法人、其他组织登记、注册的机构名称、地址应当与资质认定申请书一致，且登记、注册证书在有效期内。			
	4）	法定代表人不担任检验检测机构最高管理者的，应当对检验检测机构的最高管理者进行授权，并明确法律责任。			
2.8.2	检验检测机构应当以公开方式对其遵守法定要求、独立公正从业、履行社会责任、严守诚实信用等情况进行自我承诺。		□	□	□
	5）	检验检测机构应当真实、全面、准确地自我承诺其遵守法定要求、独立公正从业、履行社会责任、严守诚实信用等情况。			
2.8.3	检验检测机构应当独立于其出具的检验检测数据、结果所涉及的利益相关方，不受任何可能干扰其技术判断的因素影响，保证检验检测数据、结果公正准确、可追溯。		□	□	□
	6）	检验检测机构或其所在法人组织还从事检验检测以外的活动的，检验检测机构应当独立运作，并识别、消除与其他部门或岗位可能存在影响其判断的独立性和诚实性的风险。			
2.8.4	检验检测机构及其人员应当对其在检验检测活动中所知悉的国家秘密、商业秘密负有保密义务，并制定实施相应的保密措施。		□	□	□
	7）	检验检测机构制定并实施必要的保密制度和措施，使其人员对其在检验检测活动中所知悉的国家秘密、商业秘密履行保密义务。			
2.9	检验检测机构应当具有与其从事检验检测活动相适应的检验检测技术人员和管理人员。				
2.9.1*	检验检测机构与其人员建立劳动关系应当符合《中华人民共和国劳动法》《中华人民共和国劳动合同法》的有关规定，法律、行政法规对检验检测人员执业资格或者禁止从业另有规定的，依照其规定。		□	□	□
	8）	检验检测机构人员均应当签订劳动、聘用合同，且符合相关法律法规的规定。			
2.9.2	检验检测机构人员的受教育程度、专业技术背景和工作经历、资质资格、技术能力应当符合工作需要。		□	□	□

续表

条款	序号	具体审查（核查）内容	审查（核查）结论（在□中打√）		
			符合	基本符合	不符合
	9）	检验检测机构具有为保证管理体系的有效运行、出具正确检验检测数据、结果所需的技术人员和管理人员（包括最高管理者、技术负责人、质量负责人、授权签字人等）。			
	10）	检验检测机构技术人员和管理人员的结构、数量、受教育程度、理论基础、技术背景和经历、实际操作能力、职业素养等符合工作类型、工作范围和工作量的需要。			
	11）	检验检测机构的技术负责人负责检验检测机构的全部技术活动范围。			
	12）	技术负责人具有中级及以上相关专业技术职称或者同等能力。同等能力是指博士研究生毕业，从事相关专业检验检测活动1年及以上；硕士研究生毕业，从事相关专业检验检测活动3年及以上；大学本科毕业，从事相关专业检验检测活动5年及以上；大学专科毕业，从事相关专业检验检测活动8年及以上。			
	13）	质量负责人、技术负责人、授权签字人符合管理体系任职要求、授权条件，具有任职文件，有充分的证据证明其能力持续符合要求。			
2.9.3	检验检测报告授权签字人应当具有中级及以上相关专业技术职称或者同等能力，并符合相关技术能力要求。		□	□	□
	14）	检验检测报告授权签字人具有中级及以上相关专业技术职称或者同等能力。同等能力是指博士研究生毕业，从事相关专业检验检测活动1年及以上；硕士研究生毕业，从事相关专业检验检测活动3年及以上；大学本科毕业，从事相关专业检验检测活动5年及以上；大学专科毕业，从事相关专业检验检测活动8年及以上。			
	15）	检验检测报告授权签字人的授权文件明确规定授权签字人签字范围，授权签字人的工作经历和教育背景与授权文件规定的签发报告范围相适应，授权签字人的能力胜任所承担的工作。			
2.10	检验检测机构应当具有固定的工作场所，工作环境符合检验检测要求。				
2.10.1*	检验检测机构具有符合标准或者技术规范要求的检验检测场所，包括固定的、临时的、可移动的或者多个地点的场所。		□	□	□
	16）	检验检测机构的工作场所与《检验检测机构资质认定申请书》填写的工作场所地址一致。			
	17）	检验检测机构对工作场所具有完全的使用权，并能提供证明文件。如租用、借用场地，期限不少于1年。			
2.10.2	检验检测工作环境及安全条件符合检验检测活动要求。		□	□	□
	18）	检验检测机构的场所符合开展检验检测相应标准或者技术规范要求。			
	19）	标准或者技术规范对开展检验检测活动的环境条件有要求，或者当环境条件影响检验检测结果质量时，检验检测机构应当对环境条件进行监测、控制和记录，使其持续符合标准或者技术规范要求。			
	20）	检验检测机构应当有效识别检验检测活动所涉及的安全因素（如危险化学品的规范存储和领用、危废处理的合规性、气瓶的安全管理和使用等），并设置必要的防护设施、应急设施，制定相应预案。			
2.11	检验检测机构应当具备从事检验检测活动所必需的检验检测设备设施。				
2.11.1*	检验检测机构应当配备具有独立支配使用权、性能符合工作要求的设备和设施。		□	□	□

续表

条款	序号	具体审查（核查）内容	审查（核查）结论（在□中打√）		
			符合	基本符合	不符合
	21）	检验检测机构应当配备符合开展检验检测（包括抽样、样品制备、数据处理与分析等）工作要求的设备和设施。			
	22）	检验检测机构使用租用、借用的设备设施申请资质认定的，应当有合法的租用、借用合同，租用、借用期限不少于1年。并对租用、借用的设备设施具有完全的使用权、支配权。同一台设备设施不得共同租用、借用、使用。			
2.11.2		检验检测机构应当对检验检测数据、结果的准确性或者有效性有影响的设备（包括用于测量环境条件等辅助测量设备）实施检定、校准或核查，保证数据、结果满足计量溯源性要求。	□	□	□
	23）	对检验检测数据、结果有影响的设备（包括仪器、软件、测量标准、标准物质、参考数据、试剂、消耗品、辅助设备或相应组合装置），投入使用前应当实施核查、检定或者校准及周期核查、检定或者校准； 设备检定或者校准应当满足计量溯源性要求； 设备的核查、使用、维护、保管、运输等应符合相应的程序以确保其溯源的有效性。			
	24）	对检定、校准或核查的结果进行计量确认，确保其满足预期使用要求。包括溯源文件的有效性、检定、校准或核查的结果与预期使用的计量要求相比较以及所要求的标识。 所有修正信息得到有效利用、更新和备份。 无法溯源到国家或国际测量标准时，检验检测机构应当保留检验检测结果相关性或准确性的证据。 检验检测机构的参考标准及其使用应满足溯源要求。			
2.11.3		检验检测机构如使用标准物质，应当满足计量溯源性要求。	□	□	□
	25）	若使用标准物质，应当满足计量溯源性要求，可能时，溯源到SI单位或者有证标准物质。			
2.12		检验检测机构应当建立保证其检验检测活动独立、公正、科学、诚信的管理体系，并确保该管理体系能够得到有效、可控、稳定实施，持续符合检验检测机构资质认定条件以及相关要求。			
2.12.1		检验检测机构应当依据法律法规、标准（包括但不限于国家标准、行业标准、国际标准）的规定制定完善的管理体系文件，包括政策、制度、计划、程序和作业指导书等。检验检测机构建立的管理体系应当符合自身实际情况并有效运行。	□	□	□
	26）	检验检测机构建立的管理体系与机构自身实际情况相适应。 检验检测机构应当提供其管理体系有效运行的证据。			
	27）	检验检测机构建立的管理体系文件包含政策、制度、计划、手册、程序和作业指导书，以恰当的文件形式体现。文件形式包括但不限于质量手册、程序文件、作业指导书等。			
	28）	检验检测机构建立的管理体系应当有效运行，具有体系运行相应的记录。 a）管理体系文件标识、批准、发布、变更和废止控制记录； b）客户投诉的接收、确认、调查、处理和服务客户记录； c）检验检测不符合工作的处理记录； d）检验检测机构采取纠正措施、应对风险和机遇的措施和改进记录； e）检验检测样品全过程控制记录； f）检验检测机构管理体系内部审核记录； g）检验检测机构管理评审记录。			

续表

条款	序号	具体审查（核查）内容	审查（核查）结论（在□中打√）		
			符合	基本符合	不符合
	29）	检验检测机构建立的管理体系应当对机构组织结构、岗位职责、任职要求和能力确认作出规定。 检验检测机构依据管理体系建立的人员技术档案内容包括不限于教育背景、培训经历、资格确认、授权、监督的相关记录。 检验检测机构依据管理体系规定开展人员的管理、技术、安全培训，并保存培训记录。			
2.12.2	检验检测机构应当开展有效的合同评审。对相关要求、标书、合同的偏离、变更应当征得客户同意并通知相关人员。		□	□	□
	30）	检验检测机构建立的管理体系包含对评审客户要求、标书、合同的偏离、变更做出规定的内容。			
	31）	检验检测机构的管理体系包含对分包和使用判定规则的相关规定。			
2.12.3	检验检测机构选择和购买的服务和供应品应当符合检验检测的工作需求。		□	□	□
	32）	检验检测机构应当对选择和购买的服务和供应品符合检验检测工作需求作出规定并有效实施，确保服务和供应品符合检验检测工作需求。			
2.12.4*	检验检测机构能正确使用有效的方法开展检验检测活动。检验检测方法包括标准方法和非标准方法，应当优先使用标准方法。使用标准方法前应当进行验证；使用非标准方法前，应当先对方法进行确认，再验证。		□	□	□
	33）	检验检测机构对新引入或者变更的标准方法进行方法验证并保留方法验证记录，方法验证记录可以证明人员、环境条件、设备设施和样品符合相应方法要求，检验检测的数据、结果质量得到有效控制。检验检测机构在使用非标方法前应当进行确认、验证，并保留相关方法确认记录和方法验证记录。			
	34）	检验检测机构根据所开展检验检测活动需要制定作业指导书，如：设备操作规程、样品的制备程序、补充的检验检测细则等。作业指导书与检验检测机构开展的检验检测活动相适应。			
	35）	检验检测机构的管理体系包含对检验检测方法定期查新和保留查新记录作出规定的内容。检验检测机构保留查新记录，证明所用方法正确有效。			
2.12.5	当检验检测标准、技术规范或者声明与规定要求的符合性有测量不确定度要求时，检验检测机构应当报告测量不确定度。		□	□	□
	36）	检验检测机构的管理体系包含对报告检验检测结果测量不确定度作出规定的内容。			
	37）	检验检测机构开展检验检测活动所依据的方法中有不确定度要求或声明与规定要求的符合性有测量不确定度要求时，检验检测机构根据管理体系的规定报告不确定度并保留记录。			
2.12.6	检验检测机构出具的检验检测报告应当客观真实、方法有效、数据完整、信息齐全、结论明确、表述清晰并使用法定计量单位。		□	□	□
	38）	检验检测机构体系文件包含检验检测报告的固定格式。报告应当客观真实、方法有效、数据完整、信息齐全、结论明确、表述清晰、使用法定计量单位并符合检验检测方法的规定。			
	39）	检验检测机构开展检验检测活动的原始记录信息能有效支撑对应出具的报告内容。			
	40）	检验检测机构出具的报告至少应当包括：标题、唯一性标识、资质认定标志、检验检测机构的检验检测专用章或者公章、授权签字人识别、客户的名称和地址、检验检测方法的识别、样品的识别、样品接收时间和检验检测时间、签发时间、存在抽样时的抽样信息和存在分包时的分包信息。			
	41）	检验检测机构如果使用电子签名，符合相关法律法规规定。			

续表

条款	序号	具体审查（核查）内容	审查（核查）结论（在□中打√）		
			符合	基本符合	不符合
2. 12. 7	检验检测机构应当对质量记录和技术记录的管理作出规定，包括记录的标识、贮存、保护、归档留存和处置等内容。记录信息应当充分、清晰、完整。检验检测原始记录和报告保存期限不少于6年。		□	□	□
	42）	检验检测机构的管理体系包含对记录管理的规定，记录应当保证信息充分、清晰、完整。记录管理内容包括记录标识、贮存、保护、归档留存和处置等。检验检测原始记录和报告保存期限不少于6年。			
	43）	检验检测机构具备保存记录和相关文件的场所，该场所的环境设施及环境条件符合保存要求。			
2. 12. 8	检验检测机构在运用计算机信息系统实施检验检测、数据传输或者对检验检测数据和相关信息进行管理时，应当具有保障安全性、完整性、正确性措施。		□	□	□
	44）	检验检测机构在利用计算机信息系统对检验检测数据进行采集、处理、记录、报告、存储或者检索时，检验检测机构建立的管理体系文件包含保护数据完整性、安全性和不可伪造篡改的内容，防止未经授权的访问，确保检验检测数据、结果不被篡改、不丢失、可追溯。			
	45）	检验检测机构在运用计算机信息系统实施检验检测、数据传输或者对检验检测数据和相关信息进行管理时，正确有效开展保障安全性、完整性、正确性的措施。			
	46）	检验检测机构应当对所使用的自动化软件，包括信息化管理系统、数据采集系统、数据处理系统的正确性进行验证并保留相关活动记录。			
	47）	检验检测机构建立的管理体系包含对计算机信息系统的数据保护、电子存储和传输结果规定的内容。			
2. 12. 9	检验检测机构应当实施有效的数据、结果质量控制活动，质量控制活动与检验检测工作相适应。数据、结果质量控制活动包括内部质量控制活动和外部质量控制活动。内部质量控制活动包括但不限于人员比对、设备比对、留样再测、盲样考核等。外部质量控制活动包括但不限于能力验证、实验室间比对等。		□	□	□
	48）	检验检测机构建立的管理体系包含对数据、结果质量控制作出规定的内容。检验检测机构开展的数据、结果质量控制活动与其开展的检验检测工作相适应。			
	49）	检验检测机构具有依据管理体系规定开展数据、结果质量控制活动的相关记录。			
	50）	检验检测机构在开展数据、结果质量控制活动时，数据的记录方式便于发现其发展趋势，若发现偏离了预先目标，应当采取有效的措施纠正，防止出现错误的结果。			
2. 13	有关法律法规及标准、技术规范对检验检测机构的主体、人员、场所环境、设备设施和管理体系等条件有特殊规定的，检验检测机构还应当符合相关特殊要求。		□	□	□
结论	一般程序审查	符合 □ 基本符合 □ 不符合 □	备注	带“＊”条款出现不符合的，审查结论为“不符合”。	
	告知承诺核查	承诺属实 □ 承诺基本属实 □ 承诺严重不属实/虚假承诺 □		带“＊”条款出现不符合的，核查结论为“承诺严重不属实/虚假承诺”。	

附录2　检测和校准实验室能力的通用要求

ICS 03. 120. 20
A 00

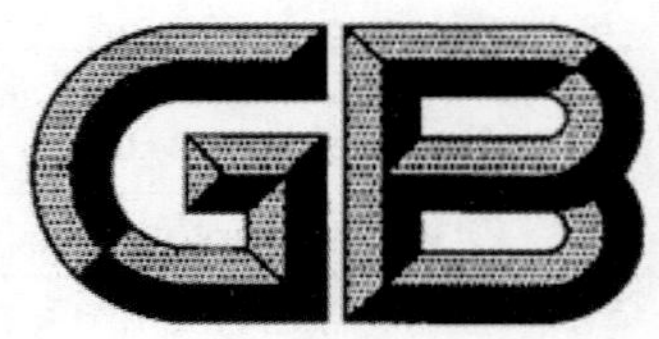

中 华 人 民 共 和 国 国 家 标 准

GB/T 27025—2019/ISO/IEC 17025：2017
代替 GB/T 27025—2008

检测和校准实验室能力的通用要求

General requirements for the competence of testing and calibration laboratories

（ISO/IEC 17025：2017，IDT）

2019－12－10 发布　　　　2020－07－01 实施

国家市场监督管理总局
国家标准化管理委员会　发布

目　　次

8　管理体系要求

8.1　方式

8.2　管理体系文件（方式 A）

8.3　管理体系文件的控制（方式 A）

8.4　记录控制（方式 A）

8.5　应对风险和机遇的措施（方式 A）

8.6　改进（方式 A）

8.7　纠正措施（方式 A）

8.8　内部审核（方式 A）

8.9　管理评审（方式 A）

附录 A（资料性附录）　计量溯源性

附录 B（资料性附录）　管理体系方式

参考文献

前 言

本标准按照 GB/T 1. 1—2009 给出的规则起草。

本标准代替 GB/T 27025—2008《检测和校准实验室能力的通用要求》，与 GB/T 27025—2008 相比，除编辑性修改外主要技术变化如下：

——结构调整，本标准主要章节内容为：通用要求、结构要求、资源要求、过程要求和管理体系要求；

——基于风险的考虑使规范的要求减少，而由基于绩效的要求替代；

——在过程、程序、成文信息和组织职责的要求上更加灵活；

——增加了“实验室”的定义（见 3. 6）；

——增加了“判定规则”的定义及相关内容（见 3. 7 和 7. 1 等）

——资料性附录 A 内容更改为“计量溯源性”；

——资料性附录 B 内容更改为“管理体系方式”；

——删除了“预防措施”（见 GB/T 27025—2008 的 4. 12），内容包含在本标准“应对风险和机遇的措施”中（见 8. 5）；

——删除了“检测和校准的分包”（见 GB/T 27025—2008 的 4. 5），内容包含在本标准“外部提供的产品和服务”中（见 6. 6）。

本标准使用翻译法等同采用 ISO/IEC 17025：2017《检测和校准实验室能力的通用要求》（英文版）。与本标准中规范性引用的国际文件有一致性对应关系的我国文件如下：

——GB/T 27000—2006 合格评定词汇和通用原则（ISO/IEC 17000：2004，IDT）。

本标准由全国认证认可标准化技术委员会（SAC/TC 261）提出并归口。

本标准起草单位：中国合格评定国家认可中心、中国计量科学研究院、中国认证认可协会、中国家用电器研究院、国家地质实验测试中心。

本标准主要起草人：张明霞、宋桂兰、富巍、乔东、李雪、郭栋、王春艳、王苏明、饶红、雷质文、籍浩楠、杨慧、崔芳、安子怡、张博、刘国荣、李乐琴、徐晓鹏、喻平武、钟狄阳、郗天培、刘汉霞。

本标准所代替标准的历次版本发布情况为：

——GB/T 27025—2008；

——GB/T 15481—2000。

引　言

制定本标准的目的是增强对实验室运作的信任。本标准包含了实验室能够证明其运作能力并出具有效结果的要求。符合本标准的实验室通常也是依据 GB/T 19001 的原则运作的。

本标准要求实验室策划并采取措施应对风险和机遇。应对风险和机遇是提升管理体系有效性、取得改进效果和预防负面影响的基础。实验室有责任确定需要应对的风险和机遇。

使用本标准将促进实验室和其他机构的合作，有助于相互间信息和经验的交流，也有助于标准和程序的协调统一。如果实验室符合本标准，将促进国家之间实验室活动结果的互认。

在本标准中，使用了以下助动词：

——“应”表示要求；

——“宜”表示建议；

——“可”表示可以；

——“能”表示可能或能力。

检测和校准实验室能力的通用要求

1 范围

本标准规定了实验室能力、公正性以及一致运作的通用要求。

本标准适用于所有从事实验室活动的组织，不论其人员数量多少。

实验室的客户、法定管理机构、使用同行评审的组织和方案、认可机构及其他机构采用本标准证实或承认实验室能力。

2 规范性引用文件

下列文件对于本文件的应用是必不可少的。凡是注日期的引用文件，仅注日期的版本适用于本文件。凡是不注日期的引用文件，其最新版本（包括所有的修改单）适用于本文件。

ISO/IEC 指南 99 国际计量学词汇 基本和通用概念及相关术语（VIM）（International vocabulary of metrology—Basic and general concepts and associated terms（VIM）①

ISO/IEC 17000 合格评定 词汇和通用原则（Conformity assessment – Vocabulary and general principles）

3 术语和定义

ISO/IEC 指南 99 和 ISO/IEC 17000 中界定的以及下列术语和定义适用于本文件。

ISO 和 IEC 维护的用于标准化的术语数据库地址如下：

——ISO 在线浏览平台：http：//www. iso. org/obp；

——IEC 电子开放平台：http：//www. electropedia. org/。

3.1 公正性 impartiality

客观性的存在。

注 1：客观性意味着利益冲突不存在或已解决，不会对实验室（3.6）的后续活动产生不利影响。

注 2：其他可用于表示公正性要素的术语有：无利益冲突、没有成见、没有偏见、中立、公平、思想开明、不偏不倚、不受他人影响、平衡。

注 3：改写 GB/T 27021.1—2017，定义 3.2。修改——在注 1 中以“实验室”代替“认证机构”，并在注 2 中删除了“独立”。

① ISO/IEC 指南 99 也称为 JCGM 200。

3.2　投诉 complaint

任何人员或组织向实验室（3.6）就其活动或结果表达不满意，并期望得到回复的行为。

注：改写 GB/T 27000—2006，定义 6.5。修改——删除了“除申诉外”，以“实验室就其活动或结果”代替“合格评定机构或认可机构就其活动”。

3.3　实验室间比对 interlaboratory comparison

按照预先规定的条件，由两个或多个实验室对相同或类似的物品进行测量或检测的组织、实施和评价。

[GB/T 27043—2012，定义 3.4]

3.4　实验室内比对 intralaboratory comparison

按照预先规定的条件，在同一实验室（3.6）内部对相同或类似的物品进行测量或检测的组织、实施和评价。

3.5　能力验证 proficiency testing

利用实验室间比对，按照预先制定的准则评价参加者的能力。

注：改写 GB/T 27043—2012，定义 3.7，修改——删除了注。

3.6　实验室 laboratory

从事下列一种或多种活动的机构：

——检测；

——校准；

——与后续检测或校准相关的抽样。

注：在本标准中，“实验室活动”指上述三种活动。

3.7　判定规则 decision rule

当声明与规定要求的符合性时，描述如何考虑测量不确定度的规则。

3.8　验证 verification

提供客观证据，证明给定项目满足规定要求。

示例 1：证实在测量取样质量小至 10 mg 时，对于相关量值和测量程序，给定标准物质的均匀性与其声称的一致。

示例 2：证实已达到测量系统的性能特性或法定要求。

示例 3：证实可满足目标测量不确定度。

注 1：适用时，宜考虑测量不确定度。

注 2：项目可以是，例如一个过程、测量程序、物质、化合物或测量系统。

注 3：满足规定要求，如制造商的规范。

注 4：在国际法制计量术语（VIML）中定义的验证，以及在合格评定中通常所讲的验证，是指对测量系统的检查并加标记和（或）出具验证证书。

注 5：验证不宜与校准混淆。不是每个验证都是确认（3.9）。

注 6：在化学中，验证实体身份或活性时，需要描述该实体或活性的结构或特性。

［ISO/IEC 指南 99：2007，定义 2.44］

3.9　确认 validation

对规定要求满足预期用途的验证（3.8）。

示例： 通常用于测量水中氮的质量浓度的测量程序，经过确认后也可用于测量人体血清中氮的质量浓度。

［ISO/IEC 指南 99：2007，定义 2.45］

4　通用要求

4.1　公正性

4.1.1　实验室应公正地实施实验室活动，并从组织结构和管理上保证公正性。

4.1.2　实验室管理层应作出公正性承诺。

4.1.3　实验室应对实验室活动的公正性负责，不允许商业、财务或其他方面的压力损害公正性。

4.1.4　实验室应持续识别影响公正性的风险。这些风险应包括实验室活动、实验室的各种关系，或者实验室人员的关系而引发的风险。然而，这些关系并非一定会对实验室的公正性产生风险。

注： 危及实验室公正性的关系可能基于所有权、控制权、管理、人员、共享资源、财务、合同、市场营销（包括品牌推广）、支付销售佣金或引荐客户的佣金。

4.1.5　如果识别出公正性风险，实验室应能够证明如何消除或最大限度降低这种风险。

4.2　保密性

4.2.1　实验室应通过作出具有法律效力的承诺，对在实验室活动中获得或产生的所有信息承担管理责任。实验室应将其准备公开的信息事先通知客户。除了客户公开的信息，或当实验室与客户有约定时（例如为回应投诉的目的），其他所有信息都被视为专有信息，应予以保密。

4.2.2　实验室依据法律要求或合同授权透露保密信息时，应将所提供的信息通知到相关客户或个人，除非法律禁止。

4.2.3　实验室对于从客户以外的渠道（如投诉人、监管机构）所获取的有关客户的信息，应在客户和实验室间保密。除非信息的提供方同意，实验室应为信息提供方（来源）保密，且不应告知客户。

4.2.4　人员，包括委员会委员、签约人员、外部机构人员或代表实验室的个人，应对在实施实验室活动过程中获得或产生的所有信息保密，法律要求除外。

5　结构要求

5.1　实验室应为法律实体，或法律实体中被明确界定的一部分，该实体对实验室活动承担法律责任。注：在本标准中，政府实验室基于其政府地位被视为法律实体。

5.2 实验室应确定对实验室全权负责的管理层。

5.3 实验室应确定符合本标准的实验室活动范围，并形成文件。实验室应仅声明符合本标准的实验室活动范围，不应包括持续从外部获得的实验室活动。

5.4 实验室应以满足本标准、实验室客户、法定管理机构和提供承认的组织的要求的方式开展实验室活动，包括在固定设施、固定设施以外的场所、临时或移动设施、客户的设施中实施的实验室活动。

5.5 实验室应：

a）确定实验室的组织和管理结构、其在母体组织中的位置，以及管理、技术运作和支持服务间的关系；

b）规定对实验室活动结果有影响的所有管理、操作或验证人员的职责、权力和相互关系；

c）将程序形成文件，其详略程度需确保实验室活动实施的一致性和结果有效性。

5.6 实验室应具有履行以下职责（无论其是否被赋予其他职责）的人员，并赋予其所需的权力和资源：

a）实施、保持和改进管理体系；

b）识别与管理体系或实验室活动程序的偏离；

c）采取措施以预防或最大限度减少这类偏离；

d）向实验室管理层报告管理体系运行状况和改进需求；

e）确保实验室活动的有效性。

5.7 实验室管理层应确保：

a）就管理体系的有效性、满足客户和其他要求的重要性进行沟通；

b）当策划和实施管理体系变更时，保持管理体系的完整性。

6 资源要求

6.1 总则

实验室应获得管理和实施实验室活动所需的人员、设施、设备、系统及支持服务。

6.2 人员

6.2.1 所有可能影响实验室活动的人员，无论是内部人员还是外部人员，应行为公正、有能力并按照实验室管理体系要求工作。

6.2.2 实验室应将影响实验室活动结果的各职能的能力要求形成文件，包括对教育、资格、培训、技术知识、技能和经验的要求。

6.2.3 实验室应确保人员具备开展其负责的实验室活动的能力，以及评估偏离影响程度的能力。

6.2.4 实验室管理层应向实验室人员传达其职责和权限。

6.2.5 实验室应有以下活动的程序，并保存相关记录：

a）确定能力要求；

b）人员选择；

c）人员培训；

d）人员监督；

e）人员授权；

f）人员能力监控。

6.2.6 实验室应授权人员从事特定的实验室活动，包括但不限于下列活动：

a）开发、修改、验证和确认方法；

b）分析结果，包括符合性声明或意见和解释；

c）报告、审查和批准结果。

6.3 设施和环境条件

6.3.1 设施和环境条件应适合实验室活动，不应对结果有效性产生不利影响。

注：对结果有效性有不利影响的因素可能包括但不限于：微生物污染、灰尘、电磁干扰、辐射、湿度、供电、温度、声音和振动。

6.3.2 实验室应将从事实验室活动所必需的设施及环境条件的要求形成文件。

6.3.3 当相关规范、方法或程序对环境条件有要求时，或环境条件影响结果的有效性时，实验室应监测、控制和记录环境条件。

6.3.4 实验室应实施、监控并定期评审控制设施的措施，这些措施应包括但不限于：

a）进入和使用影响实验室活动的区域；

b）预防对实验室活动的污染、干扰或不利影响；

c）有效隔离不相容的实验室活动区域。

6.3.5 当实验室在永久控制之外的场所或设施中实施实验室活动时，应确保满足本标准中有关设施和环境条件的要求。

6.4 设备

6.4.1 实验室应获得正确开展实验室活动所需的并影响结果的设备，包括但不限于：测量仪器、软件、测量标准、标准物质、参考数据、试剂、消耗品或辅助装置。

注1：标准物质和有证标准物质有多种名称，包括标准样品、参考标准、校准标准、标准参考物质和质量控制物质。ISO 17034 给出了标准物质生产者的更多信息。满足 ISO 17034 要求的标准物质生产者被视为是有能力的。满足 ISO 17034 要求的标准物质生产者提供的标准物质会提供产品信息单/证书，除其他特性外至少包含规定特性的均匀性和稳定性。对于有证标准物质，信息中包含规定特性的标准值、相关的测量不确定度和计量溯源性。

注2：ISO 指南 33 给出了标准物质选择和使用指南。ISO 指南 80 给出了内部制备质量控制物质的指南。

6.4.2 实验室使用永久控制以外的设备时，应确保满足本标准对设备的要求。

6.4.3 实验室应有处理、运输、储存、使用和按计划维护设备的程序，以确保其功能正常并防止污染或性能退化。

6.4.4　当设备投入使用或重新投入使用前，实验室应验证其符合规定的要求。

6.4.5　用于测量的设备应能达到所需的测量准确度和（或）测量不确定度，以提供有效结果。

6.4.6　在下列情况下，测量设备应进行校准：

——当测量准确度或测量不确定度影响报告结果的有效性；和（或）

——为建立报告结果的计量溯源性，要求对设备进行校准。

注：影响报告结果有效性的设备类型可包括：

——用于直接测量被测量的设备，例如使用天平测量质量；

——用于修正测量值的设备，例如温度测量；

——用于从多个量计算获得测量结果的设备。

6.4.7　实验室应制定校准方案，并应进行复核和必要的调整，以保持对校准状态的信心。

6.4.8　所有需要校准或具有规定有效期的设备应使用标签、编码或其他方式予以标识，以使设备使用者方便地识别校准状态或有效期。

6.4.9　如果设备有过载或处置不当、给出可疑结果、已显示有缺陷或超出规定要求时，应停止使用。这些设备应予以隔离以防误用，或加贴标签/标记以清晰表明该设备已停用，直至经过验证表明其能正常工作。实验室应检查设备缺陷或偏离规定要求的影响，并应启动不符合工作管理程序（见7.10）。

6.4.10　当需要利用期间核查以保持对设备性能的信心时，应按程序进行核查。

6.4.11　如果校准和标准物质数据中包含参考值或修正因子，实验室应确保该参考值和修正因子得到适当的更新和应用，以满足规定的要求。

6.4.12　实验室应有切实可行的措施，防止设备被意外调整而导致结果无效。

6.4.13　实验室应保存对实验室活动有影响的设备记录。适用时，记录应包括以下内容：

a）设备的识别，包括软件和固件版本；

b）制造商名称、型号、序列号或其他唯一性标识；

c）设备符合规定要求的验证证据；

d）当前的位置；

e）校准日期、校准结果、设备调整、验收准则、下次校准的预定日期或校准周期；

f）标准物质的文件、结果、验收准则、相关日期和有效期；

g）与设备性能相关的维护计划和已进行的维护；

h）设备的损坏、故障、改装或维修的详细信息。

6.5　计量溯源性

6.5.1　实验室应通过形成文件的不间断的校准链，将测量结果与适当的参考对象相关联，建立并保持测量结果的计量溯源性，每次校准均会引入测量不确定度。

注 1：在 ISO/IEC 指南 99 中，计量溯源性定义为“通过文件规定的不间断的校准链，测量结果与参照对象联系起来的特性，校准链中的每项校准均会引入测量不确定度”。

注 2：关于计量溯源性的更多信息参见附录 A。

6.5.2　实验室应通过以下方式确保测量结果溯源到国际单位制（SI）：

a）具备能力的实验室提供的校准；或

注 1：满足本标准要求的实验室被视为具备能力。

b）由具备能力的标准物质生产者提供并声明计量溯源至 SI 的有证标准物质的标准值；或

注 2：满足 ISO 17034 要求的标准物质生产者被视为是有能力的。

c）SI 单位的直接复现，并通过直接或间接与国家或国际标准比对来保证。

注 3：SI 手册给出了一些重要单位定义的实际复现的详细信息。

6.5.3　技术上不可能计量溯源到 SI 单位时，实验室应证明可计量溯源至适当的参考对象，如：

a）具备能力的标准物质生产者提供的有证标准物质的标准值；

b）描述清晰的、满足预期用途并通过适当比对予以保证的参考测量程序、规定方法或协议标准的结果。

6.6　外部提供的产品和服务

6.6.1　实验室应确保影响实验室活动的外部提供的产品和服务的适宜性，这些产品和服务包括：

a）用于实验室自身的活动；

b）部分或全部直接提供给客户；

c）用于支持实验室的运作。

注：产品可包括测量标准和设备、辅助设备、消耗材料和标准物质。服务可包括校准服务、抽样服务、检测服务、设施和设备维护服务、能力验证服务以及评审和审核服务。

6.6.2　实验室应有以下活动的程序，并保存相关记录：

a）确定、审查和批准实验室对外部提供的产品和服务的要求；

b）确定评价、选择、监控表现和再次评价外部供应商的准则；

c）在使用外部提供的产品和服务前，或直接提供给客户之前，应确保其符合实验室规定的要求，或在适用时满足本标准的相关要求；

d）根据对外部供应商的评价、监控表现和再次评价的结果采取措施。

6.6.3　实验室应与外部供应商沟通，明确以下要求：

a）需提供的产品和服务；

b）验收准则；

c）能力，包括人员需具备的资格；

d）实验室或其客户拟在外部供应商的场所进行的活动。

7 过程要求

7.1 要求、标书和合同的评审

7.1.1 实验室应有要求、标书和合同评审程序。该程序应确保：

a）要求被予以充分规定，形成文件，并易于理解；

b）实验室有能力和资源满足这些要求；

c）当使用外部供应商时，应满足6.6的要求，实验室应告知客户由外部供应商实施的实验室活动，并获得客户同意；

注1：在下列情况下，可能使用外部提供的实验室活动：

——实验室有实施活动的资源和能力，但由于不可预见的原因不能承担部分或全部活动；

——实验室没有实施活动的资源和能力。

d）选择适当的方法或程序，并能满足客户的要求。

注2：对于内部或例行客户，要求、标书和合同评审可简化进行。

7.1.2 当客户要求的方法不合适或是过期的，实验室应通知客户。

7.1.3 当客户要求针对检测或校准作出与规范或标准符合性的声明时（如通过/未通过、在允许限内/超出允许限），应明确规定规范或标准以及判定规则。应将选择的判定规则通知客户并得到同意，除非规范或标准本身已包含判定规则。

注：符合性声明的详细指南见ISO/IEC指南98－4。

7.1.4 要求或标书与合同之间的任何差异均应在实施实验室活动前解决。每项合同都应被实验室和客户双方接受。客户要求的偏离不应影响实验室的诚信或结果的有效性。

7.1.5 与合同的任何偏离都应通知客户。

7.1.6 如果在工作开始后修改合同，应重新进行合同评审，并将修改内容通知所有受到影响的人员。

7.1.7 在澄清客户要求和允许客户监控其相关工作表现方面，实验室应与客户或其代表合作。

注：这种合作可包括：

a）允许客户合理进入实验室相关区域，以见证与该客户相关的实验室活动；

b）客户出于验证目的所需物品的准备、包装和发送。

7.1.8 实验室应保存评审记录，包括任何重大变化的评审记录。针对客户要求或实验室活动结果与客户所进行的讨论，也应作为记录予以保存。

7.2　方法的选择、验证和确认

7.2.1　方法的选择和验证

7.2.1.1　实验室应使用适当的方法和程序开展所有实验室活动，适当时，包括测量不确定度的评定以及使用统计技术进行数据分析。

注：本标准所用“方法”可视为是ISO/IEC指南99的定义的“测量程序”的同义词。

7.2.1.2　所有的方法、程序和支持文件，例如与实验室活动相关的指导书、标准、手册和参考数据，应保持现行有效并易于人员获取（见8.3）。

7.2.1.3　实验室应确保使用最新有效版本的方法，除非不合适或不可能做到。必要时，应补充方法使用的细则以确保应用的一致性。

注：如果国际、区域或国家标准，或其他公认的规范文本包含了实施实验室活动充分且简明的信息，并便于实验室操作人员使用时，则不需要再进行补充或改写为内部程序。可能有必要制定实施细则，或对方法中的可选择步骤提供补充文件。

7.2.1.4　当客户未指定所用的方法时，实验室应选择适当的方法并通知客户。推荐使用国际标准、区域标准或国家标准中发布的方法，或由知名技术组织或有关科技文献或期刊中公布的方法，或设备制造商规定的方法。实验室制定或修改的方法也可使用。

7.2.1.5　实验室在引入方法前，应验证能够正确地运用该方法，以确保实现所需的方法性能。应保存验证记录。如果发布机构修订了方法，应依据方法变化的内容重新进行验证。

7.2.1.6　当需要开发方法时，应予以策划，并指定具备能力的人员，为其配备足够的资源。在方法开发的过程中，应进行定期评审，以确定持续满足客户需求。开发计划的任何变更都应得到批准和授权。

7.2.1.7　对所有实验室活动方法的偏离，应事先将该偏离形成文件，经技术判断，获得授权并被客户接受。

注：客户接受偏离可以事先在合同中约定。

7.2.2　方法确认

7.2.2.1　实验室应对非标准方法、实验室开发的方法、超出预定范围使用的标准方法、或其他修改的标准方法进行确认。确认应尽可能全面，以满足预期用途或应用领域的需要。

注1：确认可包括检测或校准物品的抽样、处置和运输程序。

注2：可用以下一种或多种技术进行方法确认：

a）使用参考标准或标准物质进行校准或评估偏倚和精密度；

b）对影响结果的因素进行系统性评审；

c）通过改变受控参数（如培养箱温度、加样体积等）来检验方法的稳健度；

d）与其他已确认的方法进行结果比对；

e）实验室间比对：

f）根据对方法原理的理解以及抽样或检测方法的实践经验，评定结果的测量不确定度。

7.2.2.2　当修改已确认过的方法时，应确定这些修改的影响。当发现影响原有的确认时，应重新进行方法确认。

7.2.2.3　当按预期用途评估被确认方法的性能特性时，应确保与客户需求相关，并符合规定的要求。

注： 方法性能特性可包括但不限于：测量范围、准确度、结果的测量不确定度、检出限、定量限、方法的选择性、线性、重复性或复现性、抵御外部影响的稳健度或抵御来自样品或测试物基体干扰的交互灵敏度以及偏倚。

7.2.2.4　实验室应保存以下方法确认记录：

a）使用的确认程序；

b）要求的详细说明；

c）方法性能特性的确定；

d）获得的结果；

e）方法有效性声明，并详述与预期用途的适宜性。

7.3　抽样

7.3.1　当实验室为后续检测或校准对物质、材料或产品实施抽样时，应有抽样计划和方法。抽样方法应明确需要控制的因素，以确保后续检测或校准结果的有效性。在抽样地点应能得到抽样计划和方法。只要合理，抽样计划应基于适当的统计方法。

7.3.2　抽样方法应描述：

a）样品或地点的选择；

b）抽样计划；

c）从物质、材料或产品中取得样品的制备和处理，以作为后续检测或校准的物品。

注： 实验室接收样品后，进一步处置要求见7.4的规定。

7.3.3　实验室应将抽样数据作为检测或校准工作记录的一部分予以保存。相关时，这些记录应包括以下信息：

a）所用的抽样方法；

b）抽样日期和时间；

c）识别和描述样品的数据（如编号、数量和名称）；

d）抽样人的识别；

e）所用设备的识别；

f）环境或运输条件；

g）适当时，标识抽样位置的图示或其他等效方式；

h）对抽样方法和抽样计划的偏离或增减。

7.4　检测或校准物品的处置

7.4.1　实验室应有运输、接收、处置、保护、存储、保留、处理或归还检测或校准物品的程序，包括为保护检测或校准物品的完整性以及实验室与客户利益所需的所有规定。在物品的处置、运输、保存/等候和制备过程中，应注意避免物品变质、污染、丢失或损坏。应遵守随物品提供的操作说明。

7.4.2　实验室应有清晰标识检测或校准物品的系统。物品在实验室负责的期间内应保留该标识。标识系统应确保物品在实物上、记录或其他文件中不被混淆。适当时，标识系统应包含一个物品或一组物品的细分和物品的传递。

7.4.3　接收检测或校准物品时，应记录与规定条件的偏离。当对物品是否适于检测或校准有疑问，或当物品不符合所提供的描述时，实验室应在开始工作之前询问客户，以得到进一步的说明，并记录询问的结果。当客户知道物品偏离了规定条件仍要求进行检测或校准时，实验室应在报告中作出免责声明，并指出偏离可能影响的结果。

7.4.4　如物品需要在规定环境条件下存储或状态调节时，应保持、监控和记录这些环境条件。

7.5　技术记录

7.5.1　实验室应确保每一项实验室活动的技术记录包含结果、报告和足够的信息，以便在可能时识别影响测量结果及其测量不确定度的因素，并确保能在尽可能接近原条件的情况下重复该实验室活动。技术记录应包括每项实验室活动以及审查数据结果的日期和责任人。原始的观察结果、数据和计算应在观察或获得时予以记录，并应按特定任务予以识别。

7.5.2　实验室应确保技术记录的修改可以追溯到前一个版本或原始观察结果。应保存原始的以及修改后的数据和文档，包括修改的日期、标识修改的内容和负责修改的人员。

7.6　测量不确定度的评定

7.6.1　实验室应识别测量不确定度的贡献。评定测量不确定度时，应采用适当的分析方法考虑所有显著贡献，包括来自抽样的贡献。

7.6.2　开展校准的实验室，包括校准自有设备的实验室，应评定所有校准的测量不确定度。

7.6.3　开展检测的实验室应评定测量不确定度。当由于检测方法的原因难以严格评定测量不确定度时，实验室应基于对理论原理的理解或使用该方法的实践经验进行评估。

注1：某些情况下，公认的检测方法对测量不确定度的主要来源规定了限值，并规定了计算结果的表示方式，实验室只要遵守检测方法和报告要求，即满足7.6.3的要求。

注2：对某一特定方法，如果已确定并验证了结果的测量不确定度，实验室只要证明已识别的关键影响因素受控，则不需要对每个结果评定测量不确定度。

注3：更多信息参见ISO/IEC指南98－3、ISO 21748和ISO 5725系列标准。

7.7　确保结果有效性

7.7.1　实验室应有监控结果有效性的程序。记录结果数据的方式应便于发现其发展趋势，如可行，应采用统计技术审查结果。实验室应对监控进行策划和审查，适当时，监控应包括但不限于以下方式：

a）使用标准物质或质量控制物质；

b）使用其他已校准能够提供可溯源结果的仪器；

c）测量和检测设备的功能核查；

d）适用时，使用核查或工作标准，并制作控制图；

e）测量设备的期间核查；

f）使用相同或不同方法重复检测或校准；

g）留存样品的重复检测或重复校准；

h）物品不同特性结果之间的相关性；

i）报告结果的审查；

j）实验室内比对；

k）盲样测试。

7.7.2　可行和适当时，实验室应通过与其他实验室进行结果比对来监控能力水平。监控应予以策划和审查，包括但不限于以下一种或两种措施：

a）参加能力验证；

注：GB/T 27043 包含能力验证和能力验证提供者的详细信息。满足 GB/T 27043 要求的能力验证提供者被认为是有能力的。

b）参加除能力验证之外的实验室间比对。

7.7.3　实验室应分析监控活动的数据用于控制实验室活动，适用时实施改进。如果发现监控活动数据分析结果超出预定的准则，应采取适当措施以防止报告不正确的结果。

7.8　报告结果

7.8.1　总则

7.8.1.1　结果在发出前应经过审查和批准。

7.8.1.2　实验室应准确、清晰、明确和客观地出具结果，并且应包括客户同意的、解释结果所必需的以及所用方法要求的全部信息。实验室通常以报告的形式提供结果（例如检测报告、校准证书或抽样报告）。所有发出的报告应作为技术记录予以保存。

注1：检测报告和校准证书有时称为检测证书和校准报告。

注2：只要满足本标准的要求，报告可以硬拷贝或电子方式发布。

7.8.1.3　如客户同意，可用简化方式报告结果。如果未向客户报告 7.8.2 至 7.8.7 中所列的信息，客户应能方便地获得。

7.8.2　（检测、校准或抽样）报告的通用要求

7.8.2.1　除非实验室有有效的理由，每份报告应至少包括下列信息，以最大限度地减少误解或误用的可能性：

a）标题（例如“检测报告”“校准证书”或“抽样报告”）；

b）实验室的名称和地址；

c）实施实验室活动的地点，包括客户设施、实验室固定设施以外的场所、相关的临时或移动设施；

d）将报告中所有部分标记为完整报告的一部分的唯一性标识，以及表明报告结束的清晰标识；

e）客户的名称和联络信息；

f）所用方法的识别；

g）物品的描述、明确的标识，以及必要时，物品的状态；

h）检测或校准物品的接收日期，以及对结果的有效性和应用至关重要的抽样日期；

i）实施实验室活动的日期；

j）报告的发布日期；

k）如与结果的有效性或应用相关时，实验室或其他机构所用的抽样计划和抽样方法；

l）结果仅与被检测、被校准或被抽样物品有关的声明；

m）结果，适当时，带有测量单位；

n）对方法的补充、偏离或删减；

o）报告批准人的识别；

p）当结果来自外部供应商时所做的清晰标识。

注： 在报告中声明除全文复制外，未经实验室批准不得部分复制报告，可以确保报告不被部分摘用。

7.8.2.2　除客户提供的信息外，实验室应对报告中的所有信息负责。客户提供的数据应予以明确标识。此外，当客户提供的信息可能影响结果的有效性时，报告中应有免责声明。当实验室不负责抽样时（如样品由客户提供），应在报告中声明结果适用于收到的样品。

7.8.3　检测报告的特定要求

7.8.3.1　除7.8.2所列要求之外，当解释检测结果需要时，检测报告还应包含以下信息：

a）特定的检测条件信息，如环境条件；

b）相关时，与要求或规范的符合性声明（见7.8.6）；

c）适用时，在下列情况下，带有与被测量相同单位的测量不确定度或与被测量相对形式的测量不确定度（如百分比）：

——测量不确定度与检测结果的有效性或应用相关时；

——客户有要求时；

——测量不确定度影响与规范限的符合性时。

d）适当时，意见和解释（见7.8.7）；

e）特定方法、法定管理机构或客户要求的其他信息。

7.8.3.2　如果实验室负责抽样活动，当解释检测结果需要时，检测报告还应满足7.8.5的要求。

7.8.4　校准证书的特定要求

7.8.4.1　除7.8.2的要求外，校准证书应包含以下信息：

a）与被测量相同单位的测量不确定度或与被测量相对形式的测量不确定度（如百分比）；

注：根据ISO/IEC指南99，测量结果通常表示为一个被测量值，包括测量单位和测量不确定度。

b）校准过程中对测量结果有影响的条件（如环境条件）；

c）测量结果如何实现计量溯源性的声明（参见附录A）；

d）如可获得，设备被调整或修理前后的结果；

e）相关时，与要求或规范的符合性声明（见7.8.6）；

f）适当时，意见和解释（见7.8.7）。

7.8.4.2　如果实验室负责抽样活动，当解释校准结果需要时，校准证书还应满足7.8.5的要求。

7.8.4.3　校准证书或校准标签不应包含对校准周期的建议，除非已与客户达成协议。

7.8.5　报告抽样——特定要求

如果实验室负责抽样活动，除7.8.2中的要求外，当解释结果有需要时，报告还应包含以下信息：

a）抽样日期；

b）抽取的物品或物质的唯一性标识（适当时，包括制造商的名称、标示的型号或类型以及序列号）；

c）抽样位置，包括图示、草图或照片；

d）抽样计划和抽样方法；

e）抽样过程中影响结果解释的环境条件的详细信息；

f）评定后续检测或校准测量不确定度所需的信息。

7.8.6　报告符合性声明

7.8.6.1　当做出与规范或标准的符合性声明时，实验室应考虑与所用判定规则相关的风险水平（如错误接受、错误拒绝以及统计假设），将所使用的判定规则形成文件，并应用判定规则。

注：如果客户、法规或规范性文件规定了判定规则，则无须进一步考虑风险水平。

7.8.6.2　实验室在报告符合性声明时应清晰标示：

a）符合性声明适用的结果；

b）满足或不满足的规范、标准或其中条款；

c）应用的判定规则（除非规范或标准中已包含）。

注：详细信息见 ISO/IEC 指南 98－4。

7.8.7 报告意见和解释

7.8.7.1 当表述意见和解释时，实验室应确保只有授权人员才能发布相关意见和解释。实验室应将意见和解释的依据形成文件。

注：注意区分意见和解释与 GB/T 27020 中的检验声明、GB/T 27065 中的产品认证声明以及 7.8.6 中符合性声明的差异。

7.8.7.2 报告中的意见和解释应基于被检测或校准物品的结果，并清晰地予以标注。

7.8.7.3 当以对话方式直接与客户沟通意见和解释时，应保存对话记录。

7.8.8 报告修改

7.8.8.1 当更改、修订或重新发布已发出的报告时，应在报告中清晰标识修改的信息，适当时标注修改的原因。

7.8.8.2 修改已发出的报告时，应仅以追加文件或数据传送的形式，并包含以下声明：

"对序列号为……（或其他标识）报告的修改"，或其他等效文字。

这类修改应满足本标准的所有要求。

7.8.8.3 当有必要发布全新的报告时，应予以唯一性标识，并注明所替代的原报告。

7.9 投诉

7.9.1 实验室应有形成文件的过程来接收和评价投诉，并对投诉作出决定。

7.9.2 利益相关方有要求时，应可获得对投诉处理过程的说明。在接到投诉后，实验室应证实投诉是否与其负责的实验室活动相关，若相关，则应处理。实验室应对投诉处理过程中的所有决定负责。

7.9.3 投诉处理过程应至少包括以下要素和方法：

a）对投诉的接收、确认、调查以及决定采取处理措施过程的说明；

b）跟踪并记录投诉，包括为解决投诉所采取的措施；

c）确保采取适当的措施。

7.9.4 接到投诉的实验室应负责收集并验证所有必要的信息，以便确认投诉是否有效。

7.9.5 只要可能，实验室应告知投诉人已收到投诉，并向投诉人提供处理进程的报告和结果。

7.9.6 通知投诉人的处理结果应由与所涉及的实验室活动无关的人员作出，或审查和批准。

注：可由外部人员实施。

7.9.7 只要可能，实验室应正式通知投诉人投诉处理完毕。

7.10 不符合工作

7.10.1 当实验室活动或结果不符合自身的程序或与客户协商一致的要求时（例如设备或环境条件超出规定限值、监控结果不能满足规定的准则），实验室应有程序予以实施。该程序应确保：

a）确定不符合工作管理的职责和权力；

b）基于实验室建立的风险水平采取措施（包括必要时暂停或重复工作以及扣发报告）；

c）评价不符合工作的严重性，包括分析对先前结果的影响；

d）对不符合工作的可接受性作出决定；

e）必要时，通知客户并召回；

f）规定批准恢复工作的职责。

7.10.2 实验室应保存不符合工作和执行7.10.1中b）至f）规定的措施的记录。

7.10.3 当评价表明不符合工作可能再次发生时，或对实验室的运行与其管理体系的符合性产生怀疑时，实验室应采取纠正措施。

7.11 数据控制和信息管理

7.11.1 实验室应获得开展实验室活动所需的数据和信息。

7.11.2 用于收集、处理、记录、报告、存储或检索数据的实验室信息管理系统，在投入使用前应进行功能确认，包括实验室信息管理系统中接口的正常运行。对管理系统的任何变更，包括修改实验室软件配置或现成的商业化软件，在实施前都应被批准、形成文件并确认。

注1：本标准中的“实验室信息管理系统”包括计算机化和非计算机化系统中的数据和信息管理。相比非计算机化的系统，有些要求更适用于计算机化的系统。

注2：常用的现成商业化软件在其设计应用范围内的使用可被视为已经过充分的确认。

7.11.3 实验室信息管理系统应：

a）防止未经授权的访问；

b）被安全保护以防止篡改和丢失；

c）在符合系统供应商或实验室规定的环境中运行，或对于非计算机化的系统，提供保护人工记录和转录准确性的条件；

d）以确保数据和信息完整性的方式进行维护；

e）包括对于系统失效、适当的紧急措施及纠正措施的记录。

7.11.4 当实验室信息管理系统在异地或由外部供应商进行管理和维护时，实验室应确保系统的供应商或运营商符合本标准的所有适用要求。

7.11.5 实验室应确保员工易于获取与实验室信息管理系统相关的说明书、手册和参考数据。

7.11.6 应对计算和数据传送进行适当和系统地检查。

8 管理体系要求

8.1 方式

8.1.1 总则

实验室应建立、实施和保持形成文件的管理体系，该管理体系应能够支持和证明实验室持续满足本标准的要求，并且保证实验室结果的质量。除满足第4章至第7章的要求外，实验室应按方式A或方式B实施管理体系。

注：更多信息参见附录B。

8.1.2 方式A

实验室管理体系至少应包括下列内容：

——管理体系文件（见8.2）；

——管理体系文件的控制（见8.3）；

——记录控制（见8.4）；

——应对风险和机遇的措施（见8.5）；

——改进（见8.6）；

——纠正措施（见8.7）；

——内部审核（见8.8）；

——管理评审（见8.9）。

8.1.3 方式B

实验室按照GB/T 19001的要求建立并保持管理体系，能够支持和证明持续符合第4章至第7章的要求，也至少满足了8.2至8.9中规定的管理体系要求的目的。

8.2 管理体系文件（方式A）

8.2.1 实验室管理层应建立、编制和保持符合本标准目的的方针和目标，并确保该方针和目标在实验室组织的各级人员得到理解和执行。

8.2.2 方针和目标应能体现实验室的能力、公正性和一致运作。

8.2.3 实验室管理层应提供建立和实施管理体系以及持续改进其有效性承诺的证据。

8.2.4 管理体系应包含、引用或链接与满足本标准的要求相关的所有文件、过程、系统和记录等。

8.2.5 参与实验室活动的所有人员应可获得适用于其职责的管理体系文件和相关信息。

8.3 管理体系文件的控制（方式A）

8.3.1 实验室应控制与满足本标准的要求有关的内部和外部文件。

注：本标准中，“文件”可以是政策声明、程序、规范、制造商的说明书、校准表格、图表、教科书、张贴品、通知、备忘录、图纸、计划等。这些文件可承载于各种载体，例如硬拷贝或数字形式。

8.3.2 实验室应确保：

a）文件发布前由授权人员审查其充分性并批准；

b）定期审查文件，并在必要时更新；

c）识别文件更改和当前修订状态；

d）在使用地点可获得适用文件的相关版本，并在必要时控制其发放；

e）对文件进行唯一性标识；

f）防止误用作废文件，并对出于某种目的而保留的作废文件做出适当标识。

8.4　记录控制（方式A）

8.4.1　实验室应建立和保存清晰的记录以证明满足本标准的要求。

8.4.2　实验室应对记录的标识、存储、保护、备份、归档、检索、保存期和处置实施所需的控制。实验室记录保存期限应符合合同义务。记录的调阅应符合保密承诺，且记录应易于获得。

注：对技术记录的其他要求见7.5。

8.5　应对风险和机遇的措施（方式A）

8.5.1　实验室应考虑与实验室活动相关的风险和机遇，以：

a）确保管理体系能够实现其预期结果；

b）增强实现实验室目的和目标的机遇；

c）预防或减少实验室活动中的不利影响和可能的失败；

d）实现改进。

8.5.2　实验室应策划：

a）应对这些风险和机遇的措施；

b）如何：

——在管理体系中整合并实施这些措施；

——评价这些措施的有效性。

注：虽然本标准规定实验室应策划应对风险的措施，但并未要求运用正式的风险管理方法或形成文件的风险管理过程。实验室可决定是否采用超出本标准要求的更广泛的风险管理方法，如：通过应用其他指南或标准。

8.5.3　应对风险和机遇的措施应与其对实验室结果有效性的潜在影响相适应。

注1：应对风险的方式包括识别和规避威胁，为寻求机遇承担风险，消除风险源，改变风险的可能性或后果，分担风险，或通过信息充分的决策而保留风险。

注2：机遇可能促使实验室扩展活动范围，赢得新客户，使用新技术和其他方式满足客户需求。

8.6　改进（方式A）

8.6.1　实验室应识别和选择改进机遇，并采取必要措施。

注：实验室可通过评审操作程序、实施方针、总体目标、审核结果、纠正措施、管理评审、人员建议、风险评估、数据分析和能力验证结果来识别改进机遇。

8.6.2　实验室应向客户征求反馈，无论是正面的还是负面的。应分析和利用这些反馈，以改进管理体系、实验室活动和客户服务。

注：反馈的类型示例包括：客户满意度调查、与客户的沟通记录和共同审查报告。

8.7　纠正措施（方式A）

8.7.1　当发生不符合时，实验室应：

a）对不符合作出应对，并且在适用时：

——采取措施以控制和纠正不符合；

——处置后果；

b）通过下列活动评价是否需要采取措施，以消除产生不符合的原因，避免其再次发生或者在其他场合发生：

——评审和分析不符合；

——确定不符合的原因；

——确定是否存在或可能发生类似的不符合；

c）实施所需的措施；

d）评审所采取的纠正措施的有效性；

e）必要时，更新在策划期间确定的风险和机遇；

f）必要时，变更管理体系。

8.7.2　纠正措施应与不符合产生的影响相适应。

8.7.3　实验室应保存记录，作为下列事项的证据：

a）不符合的性质、产生原因和后续所采取的措施；

b）纠正措施的结果。

8.8　内部审核（方式A）

8.8.1　实验室应按照策划的时间间隔进行内部审核，以提供有关管理体系的下列信息：

a）是否符合：

——实验室自身的管理体系要求，包括实验室活动；

——本标准的要求；

b）是否得到了有效的实施和保持。

8.8.2　实验室应：

a）考虑实验室活动的重要性、影响实验室的变化和以前审核的结果，策划、制定、实施和保持审核方案，审核方案包括频次、方法、职责、策划要求和报告；

b）规定每次审核的审核准则和范围；

c）确保将审核结果报告给相关管理层；

d）及时采取适当的纠正和纠正措施；

e）保存记录，作为实施审核方案和审核结果的证据。

注：内部审核相关指南参见GB/T 19011。

8.9 管理评审（方式A）

8.9.1 实验室管理层应按照策划的时间间隔对实验室的管理体系进行评审，以确保其持续的适宜性、充分性和有效性，包括执行本标准的相关方针和目标。

8.9.2 实验室应记录管理评审的输入，并包括以下相关信息：

a）与实验室相关的内外部因素的变化；

b）目标实现；

c）政策和程序的适宜性；

d）以往管理评审所采取措施的情况；

e）近期内部审核的结果；

f）纠正措施；

g）由外部机构进行的评审；

h）工作量和工作类型的变化或实验室活动范围的变化；

i）客户和人员的反馈；

j）投诉；

k）实施改进的有效性；

l）资源的充分性；

m）风险识别的结果；

n）保证结果有效性的输出；

o）其他相关因素，如监控活动和培训。

8.9.3 管理评审的输出至少应记录与下列事项相关的决定和措施：

a）管理体系及其过程的有效性；

b）与满足本标准要求相关的实验室活动的改进；

c）提供所需的资源；

d）所需的变更。

附录 A
（资料性附录）
计量溯源性

A.1 总则

计量溯源性是确保测量结果在国内和国际上具有可比性的重要概念，本附录给出了有关计量溯源性的更详细的信息。

A.2 建立计量溯源性

A.2.1 建立计量溯源性需考虑并确保以下内容：

a）规定被测量（被测量的量）；

b）一个形成文件的不间断的校准链，可以溯源到声明的适当参考对象（适当参考对象包括国家标准或国际标准以及自然基准）；

c）按照约定的方法评定溯源链中每次校准的测量不确定度；

d）溯源链中每次校准均按照适当的方法进行，并有测量结果及相关的、已记录的测量不确定度；

e）在溯源链中实施一次或多次校准的实验室应提供其技术能力的证据。

A.2.2 当使用被校准的设备将计量溯源性传递至实验室的测量结果时，需考虑该设备的系统测量误差（有时称为偏倚）。有几种方法来考虑测量计量溯源性传递中的系统测量误差。

A.2.3 具备能力的实验室报告测量标准的信息中，如果只有与规范的符合性声明（省略了测量结果和相关不确定度），该测量标准有时也可用于传递计量溯源性，其规范限是不确定度的来源，但此方法取决于：

——使用适当的判定规则确定符合性；

——在后续的不确定度评估中，以技术上适当的方式来处理规范限。

此方法的技术基础在于与规范符合性声明确定了测量值的范围，并预计真值以规定的置信度处于该范围内，该范围考虑了真值的偏倚以及测量不确定度。

示例：使用国际法制计量组织（OIML）R111 各种等级砝码校准天平。

A.3 证明计量溯源性

A.3.1 实验室负责按本标准建立计量溯源性。符合本标准的实验室提供的校准结果具有计量溯源性。符合 ISO 17034 的标准物质生产者所提供的有证标准物质的标准值具有计量溯源性。有不同的方式来证明与本标准的符合性，即第三方承认（如认可机构）、客户进行的外部评审或自我评审。国际上承认的途径包括但不限于：

a）已通过适当同行评审的国家计量院及其指定机构提供的校准和测量能力。该同行评审是在国际计量委员会相互承认协议（CIPM MRA）下实施的。CIPM MRA 所覆盖的服务可以在国际计量局的关键比对数据库（BIPM KCDB）附录 C 中查询，其给出了每项服务的范围和测量不确定度。

b）签署国际实验室认可合作组织（ILAC）协议或 ILAC 承认的区域协议的认可机构认可的校准和测量能力能够证明具有计量溯源性。获认可的实验室的能力范围可从相关认可机构公开获得。

A. 3. 2　当需要证明计量溯源链在国际上被承认的情况时，BIPM、OIML（国际法制计量组织）、ILAC 和 ISO 关于计量溯源性的联合声明提供了专门指南。

附录 B
（资料性附录）
管理体系方式

B.1　随着管理体系的广泛应用，日益需要实验室运行的管理体系既符合 GB/T 19001，又符合本标准。因此，本标准提供了实施管理体系相关要求的两种方式。

B.2　方式 A（见 8.1.2）给出了实施实验室管理体系的最低要求，其已纳入 GB/T19001 中与实验室活动范围相关的管理体系所有要求。因此，符合本标准第 4 章至第 7 章，并实施第 8 章方式 A 的实验室，通常也是按照 GB/T 19001 的原则运作的。

B.3　方式 B（见 8.1.3）允许实验室按照 GB/T 19001 的要求建立和保持管理体系，并能支持和证明持续符合第 4 章至第 7 章的要求。因此实验室实施第 8 章的方式 B，也是按照 GB/T 19001 运作的。实验室管理体系符合 GB/T 19001 的要求，并不证明实验室在技术上具备出具有效的数据和结果的能力。实验室还应符合第 4 章至第 7 章。

B.4　两种方式的目的都是为了在管理体系的运行，以及符合第 4 章至第 7 章的要求方面达到同样的结果。

注：如同 GB/T 19001 和其他管理体系标准，文件、数据和记录是成文信息的组成部分。8.3 规定了文件控制。8.4 和 7.5 规定了记录控制。7.11 规定了有关实验室活动的数据控制。

B.5　图 B.1 给出了第 7 章所描述的实验室运作过程的示意图。

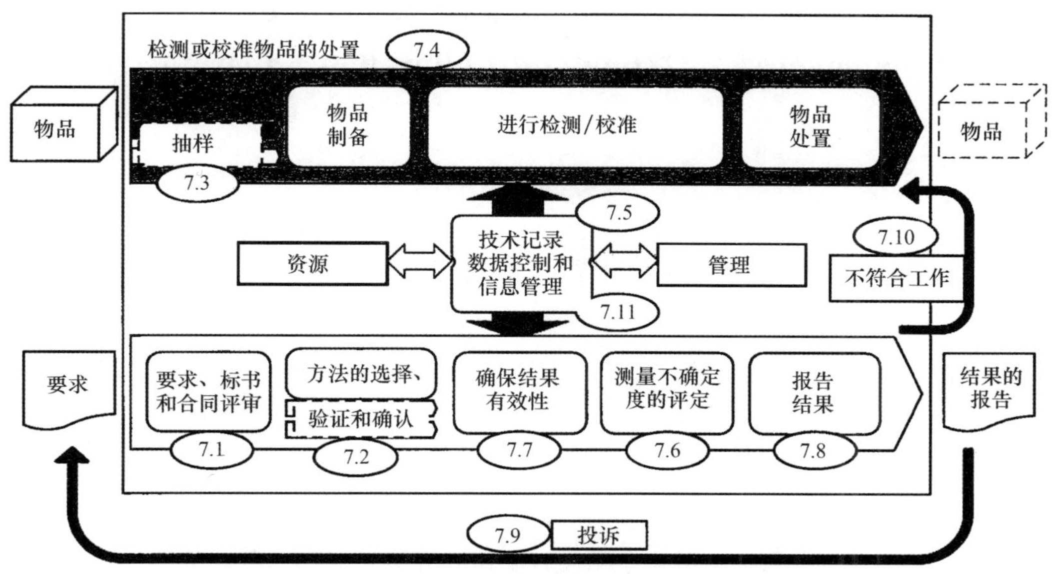

图 B.1　实验室运作过程的示意图

附录3　检测和校准实验室能力认可准则的应用要求

CNAS-CL01-G001

检测和校准实验室能力认可准则的应用要求

Application of Accreditation Criteria for the Competence of Testing and Calibration Laboratories

中国合格评定国家认可委员会

前 言

本文件旨在明确 CNAS-CL01《检测和校准实验室能力认可准则》相关条款的具体实施要求。当本文件中对特定条款的要求与专业领域的应用说明不一致时，以专业领域应用说明的要求为准。

本文件作为实验室认可的强制性要求文件，与 CNAS-CL01 同步应用。本文件中的条款号与 CNAS-CL01 相对应，因此并不连续。

本文件代替 CNAS-CL01-G001：2018《CNAS-CL01〈检测和校准实验室能力认可准则〉应用要求》。

CNAS 于 2014 年首次制订 CNAS-CL52：2014《CNAS-CL01〈检测和校准实验室能力认可准则〉应用要求》。2018 年针对 CNAS-CL01：2018《检测和校准实验室能力认可准则》的换版，本文件进行了换版并修改文件编号为 CNAS-CL01-G001：2018。

本次换版主要根据实验室认可及评审实际工作中出现的新情况有针对性地进行了修订。

检测和校准实验室能力认可准则的应用要求

4 通用要求

4.1.4 实验室应在任何可能发生影响公正性的事件时持续不断的识别风险。

5 结构要求

5.1 实验室或其母体机构应是法定机构登记注册的可独立承担法律责任的实体。

注：该实体包括企业法人、机关法人、事业单位法人、社会团体法人、合伙企业和个人独资企业，以及相关登记注册法规规定的其他实体。

a）实验室为独立注册的法律实体时，认可的实验室名称应为其注册证明文件上所载明的名称；实验室为注册法律实体的一部分时，其认可的实验室名称中应包含注册的法律实体的名称。政府或其他部门授予实验室的名称如果不是法律实体名称，不能作为认可的实验室名称。

b）实验室为独立注册的法律实体时，检测或校准活动应在法律实体注册核准的经营范围内开展。

c）实验室为注册法律实体的一部分时，申请的检测或校准能力应与法律实体核准注册的业务范围密切相关。

5.2 实验室的管理层中对实验室活动全面负责的人员可以是一个人，也可以是由负责不同技术领域的多名技术人员组成的团队。

5.5 a）当实验室所在的母体机构还从事实验室活动以外的活动时，实验室应说明母体机构所从事的其他活动与实验室活动之间的关系。实验室管理体系文件中不仅应明确实验室自身的组织结构，还应明确母体机构的组织结构并能清晰表明实验室在母体机构中的位置，以及实验室和与其实验室活动相关的其他部门之间的关系。

5.5 c）实验室所设定的文件层级、类型、数量及详略程度应确保实验室活动实施的一致性和结果的有效性。

注：实验室可根据实验室规模、实验室活动类型特点、工作量的大小、管理过程及其相互作用的复杂性、人员的能力以及对风险的承受能力等不同的特点，灵活制定文件。

6 资源要求

6.2 人员

6.2.2 除非法律法规或 CNAS 对特定领域的应用要求有其他规定，实验室人员应满足以下要求：

a）从事实验室活动的人员不得同时在其他实验室兼职。

b）从事检测或校准活动的人员应具备其所从事的检测或校准相关专业大专以上学历。如果学历或专业不满足要求，应有 10 年以上相关专业检测或校准经历。

c）从事特定实验室活动的人员，如方法开发、修改、验证和确认的人员、检测结果复核人员、从事人员监督和能力监控的人员在满足 b）要求的基础上，还应有 3 年以上本专业领域的检测或校准经历。

d）授权签字人在满足 b）要求的基础上，还应熟悉 CNAS 所有相关的认可要求，具有本专业中级以上（含中级）技术职称或满足以下条件：

- 大专毕业后，从事相关专业技术工作 8 年及以上；
- 大学本科毕业，从事相关专业技术工作 5 年及以上；
- 硕士学位以上（含），从事相关专业技术工作 3 年及以上；
- 博士学位以上（含），从事相关专业技术工作 1 年及以上。

注：授权签字人是经 CNAS 认可，签发带认可标识/联合标识的报告或证书的人员。其在被授权的范围内应有相应的技术能力和工作经验。实验室负责人可以不是授权签字人，授权范围也可以不是全部认可范围，授权范围应根据其实际技术能力确定。

6.2.5　实验室应：

c）对新进技术人员、新转岗人员和扩展新的技术活动的现有技术人员进行培训。实验室应识别对实验室人员的持续培训需求，对培训活动进行适当安排，并保留培训记录。

f）结合人员能力的特点和其所从事实验室活动的风险，策划人员能力监控的方式和频次，包括但不限于盲样测试、实验室内比对、能力验证和实验室间比对结果、现场监督实际操作过程、核查记录或报告以及考核等。实验室应分析监控结果，对监控结果进行评价，并保存监控记录和评价记录。

6.3　设施和环境条件

6.3.1　实验室的设施应为实验室自有或租借的设施，实验室应拥有其全部使用权和支配权。如实验室租借设施，其租借期限应至少能够保证实验室在一个认可周期（2 年）内使用。实验室应有充足的设施和场地实施实验室活动，包括样品制备和储存空间；实验室应对相互干扰的设施、环境进行有效的隔离。

注 1：如果实验室通过签订合同，在有检测或校准任务时临时使用其他机构的设施，不能视为自有设施，将不予认可。

注 2：如果实验室仅租借场地，不涉及仪器设备，如汽车试验场或类似情况则允许租借。

6.4　设备

6.4.1　a）实验室配置的设备应在其申报认可的场所内（现场检测/校准及移动设施情况除外），并对其有完全的支配权和使用权。对于租借设备，设备的租借期限应至少能够保证实验室在一个认可周期（2 年）内使用，并具有完全、独立的支配权和使用权，且租借期间不应与其他实验室共用。

b）有些设备，特别是化学分析中一些常用设备，通常是用标准物质来校准，实验室应有充足的标准物质来对设备的预期使用范围进行校准。

6.4.3　实验室应指定人员负责设备的管理，包括校准、维护和期间核查等。实验室应建立机制以提示对到期设备进行校准、维护和核查。

注：因设备使用者最了解设备的使用状态，因此建议其参与设备管理。

6.4.4　设备重新投入使用前，实验室应验证其符合相关规定要求后再投入使用。“重新投入使用前”通常包含（并不限于）以下情况：

a）设备发生故障经修理后；

b）设备脱离实验室的控制，返回后无法确定设备性能的状态时；

c）设备被移动、拆装或调整，无法确定设备性能的状态时。

注 1：多数设备“重新投入使用前”的验证仅需做功能性核查，仅在明确存在影响设备的计量性能的情况时，才需要采用校准的方式来进行验证。

注 2：依据校准结果判断设备是否满足方法要求是实验室自身的工作，宜由实验室来做出。

6.4.6　应注意到并非实验室的每台设备都需要校准，实验室应评估该设备对结果有效性和计量溯源性的影响，合理地确定是否需要校准。对不需要校准的设备，实验室应核查其状态是否满足使用要求。

6.4.7　对需要校准的设备，实验室应建立校准方案，方案中应包括该设备校准的参数、预期测量范围、测量准确度和（或）测量不确定度、校准周期等，以便送校时向校准服务供应商提出明确的、有针对性的要求。

6.4.10　实验室应根据设备的稳定性和使用情况来确定是否需要进行期间核查。对于需要进行期间核查的设备，在技术上可行时，实验室应确定期间核查的方法与周期，并保存核查记录。

注 1：并不是所有设备均需要进行期间核查。判断设备是否需要期间核查至少需考虑以下因素：

- 设备校准周期；
- 历次校准结果；
- 结果有效性监控的数据；
- 设备使用频率和性能稳定性；
- 设备维护情况；
- 设备操作人员及环境的变化；
- 设备使用范围的变化等。

注 2：CNAS-GL042《测量设备期间核查的方法指南》为测量设备期间核查的方法提供了指南。

6.6　外部提供的产品和服务

6.6.1　a）实验室应根据自身需求，对需要控制的产品和服务进行识别，并采取有效的控制措施。实验室涉及的产品和服务包括但不限于：

● 消耗品：适用时，实验室应对消耗品的名称、规格、等级、生产日期、保质期、成分、包装、贮存、数量、合格证明等进行符合性检查或验证。当某一品牌的消耗品验收的不合格比例较高时，实验室应考虑更换该产品的品牌或制造商。

● 设备的购置和维护：选择设备时应满足检测、校准或抽样方法以及CNAS-CL01的相关要求。实验室应保留主要设备的制造商记录，对于设备性能不能持续满足要求或不能提供良好售后服务和设备维护的供应商，实验室应考虑更换供应商。如实验室使用商品化的试剂盒，应核查该试剂盒已经过技术评价，并有相应的信息或记录予以证明。

● 选择校准服务、标准物质和参考标准时，应满足CNAS-CL01-G002《测量结果的计量溯源性要求》以及检测、校准或抽样方法对计量溯源性的要求。

6.6.1 c）可能影响实验室活动的用于支持实验室运作的服务主要包括能力验证、审核或评审服务。实验室选择能力验证提供者时，应满足CNAS-RL02中4.5的要求。

6.6.2 a）实验室应基于检测或校准方法的需要以及实验室自身的要求确定外部提供的产品和服务的要求。

6.6.2 b）当实验室需从外部机构获得实验室活动服务时，应尽可能选择相关项目已获认可的实验室（经CNAS认可或其他签署ILAC互认协议的认可机构认可）。

注1：对于实验室自身没有能力而需从外部获得的实验室活动，CNAS不将其纳入认可范围。

注2：CNAS仅认可通常是由实验室独立实施的实验室活动。对于实验室具备能力但自己不实施，而是长期从外部机构获得的项目不予认可。

注3：如果实验室通过租借合同将另一家机构的全部人员、设施和设备等纳入自身体系管理，则这部分能力视为由外部机构提供，不予认可。

7 过程要求

7.1 要求、标书和合同的评审

7.1.7 必要时，实验室应给客户提供说明，以便客户在申请检测或校准项目时能更加适合自身的需求与用途。

7.2 方法的选择、验证和确认

7.2.1 方法的选择和验证

7.2.1.5 在引入检测或校准方法之前，实验室应对其能否正确运用这些方法进行验证。验证不仅需要确定相应的人员、设施和环境条件、设备等能够满足方法规定的要求，还应通过试验证明结果的准确性和可靠性，必要时进行实验室间比对。

7.3 抽样

7.3.1 a）如果实验室仅进行抽样，而不从事后续的检测或校准活动，CNAS将不认可该抽样活动。

b）实验室如需从客户提供的样品中取出部分样品进行后续的检测或校准活动时，

应确保样品的代表性和均匀性。

7.4　检测或校准物品的处置

7.4.1　已检测或校准过的样品处理程序应保障客户的信息安全，确保客户的所有权和专利权。适当时，实验室应在合同评审时明确对样品的处理方式。

7.4.2　通常情况下，样品标识不应粘贴在容易与盛装样品容器分离或易从样品脱落的部件上（如容器盖），以免导致样品的混淆。

7.5　技术记录

7.5.1　a）实验室应确保能方便获得所有的技术记录，无论是电子记录还是纸质记录。技术记录应包括从样品的接收到出具检测报告或校准证书过程中所观察到的信息和原始数据，并全程确保样品与报告/证书的对应性。只要适用，技术记录的内容应包括但不限于以下信息：

- 样品描述；
- 样品唯一性标识；
- 所用的检测、校准和抽样方法；
- 样品的制备及样品处理的过程信息（适用时）；
- 环境条件，特别是在实验室固定场所以外的场所或设施中实施的实验室活动；
- 所用设备和标准物质的信息，特别是使用客户的设备；
- 检测或校准过程中的原始观察记录以及根据观察结果所进行的计算，或者原始观察记录的访问路径；
- 实施实验室活动的人员；
- 需要时，实施实验室活动的地点（例如在实验室固定地点以外的场所、或在实验室多个场所中的一个）；
- 其他重要信息。

b）实验室应将检测或校准的原始数据和信息记录在记录表格中或成册的记录本上，也可直接录入信息管理系统中，也可以采用设备或信息系统自动采集的数据。任何记录原始观察数据和信息的载体（如纸张、照片、视频等）均应按照原始记录予以保存。实验室应关注电子记录的存储载体（软盘、光盘、移动硬盘、云盘等）的可靠性和安全性。

注：原始记录为试验人员在试验过程中记录的原始观察数据和信息，而不是试验后所誊抄的数据。当需要另行整理或誊抄时，应保留对应的原始记录。

7.5.2　对自动采集或直接录入信息管理系统中的数据的任何更改，同样应符合CNAS-CL01 的 7.5.2 的要求。

7.7　确保结果的有效性

7.7.1　实验室对结果的监控应覆盖到认可范围内的所有检测或校准（包括内部校

准）项目/参数，以确保结果的准确性和稳定性。当检测或校准方法中规定了结果监控的要求时，实验室应符合该要求。适用时，实验室应在检测或校准方法中或其他文件中规定对应的检测或校准方法的结果监控方案。

实验室利用内部监控方案进行结果监控时应考虑以下因素：

- 检测或校准业务量；
- 检测或校准结果的用途；
- 检测或校准方法本身的稳定性与复杂性；
- 检测或校准活动对技术人员经验的依赖程度；
- 参加外部比对（包含能力验证）的频次与结果；
- 人员的能力和经验、人员数量及变动情况；
- 新采用的方法或变更的方法等。

注：实验室可以采取多种适用的结果监控手段，如：

- 定期使用标准物质、核查标准或工作标准来监控结果的准确性和精密度；
- 通过使用质控物质制作质控图持续监控精密度；
- 通过获得足够的标准物质，评估在不同浓度下检测结果的准确性；
- 定期留样再测或重复测量以及实验室内比对，监控同一操作人员的精密度或不同操作人员间的精密度；
- 采用不同的检测方法或设备测试同一样品，监控方法之间的一致性；
- 通过分析一个物品不同特性结果的相关性，以识别错误；
- 进行盲样测试，监控实验室日常检测的准确度或精密度水平。

7.8　报告结果

7.8.1　总则

7.8.1.1　除检测方法、法律法规另有要求外，实验室应在同一份报告上出具特定样品不同检测项目的结果，如果检测项目覆盖了不同的专业技术领域，也可分专业领域出具检测报告。

注：即使客户有要求，实验室也不得随意拆分检测报告，如将“满足规定限值”的结果与“不满足规定限值”的结果分别出具报告，或只报告“满足规定限量”的检测结果。

7.8.1.2　实验室应将检测报告或校准证书的副本作为技术记录予以保存。

注：检测报告或校准证书的副本是指实验室发给客户的报告或证书版本的副本，可以是纸质版本或不可更改的电子版本，其中应包含报告或证书的签发人、认可标识（如使用）等信息。

7.8.7　报告意见和解释

7.8.7.1　实验室可以选择是否做出意见和解释，并在管理体系中予以明确，并对其进行有效控制。

注1：根据检测或校准结果，与规范或客户的规定限量做出的符合性判断，不属于本准则所规定的“意见和解释”。“意见和解释”的示例：

- 对被测结果或其分布范围的原因分析，比如在环境中毒素的检测报告中对毒素来源的分析；
- 根据检测结果对被测样品特性的分析；

- 根据检测结果对被测样品设计、生产工艺、材料或结构等的改进建议。

注2：在校准报告中，一般不需要做出意见和解释。CNAS 暂不开展对校准结果的意见和解释能力的认可。

注3：对于检测活动，实验室如果申请对某些特定检测项目的“意见和解释”能力的认可，应在申请书中予以明确，并说明针对哪些检测项目做出哪类的意见和解释，并提供以往做出“意见和解释”时所依据的文件、记录及报告。相关人员能力信息应随同申请一同提交。实验室人员如果仅从事过相关的检测活动，而不熟悉检测对象的设计、制造和使用，则不予认可其“意见和解释”能力。

7.10　不符合工作

7.10.1　实验室常见的不符合工作包括但不限于，实验室环境条件不满足要求、试验样品的处置时间不满足要求、试样未在规定的时间内检测、结果监控的数据超过规定的限值、能力验证或实验室间比对结果不满意等。实验室所有人员均应熟悉不符合工作控制程序，尤其是直接从事实验室活动的人员。实验室在内部审核中应特别关注不符合工作控制程序的执行情况。

7.10.3　实验室应对发生的不符合工作的原因进行分析，对于不是偶发的、个案的问题，不应仅仅纠正所发生的问题，还应结合风险分析的情况启动纠正措施。

7.11　数据控制和信息管理

7.11.2　实验室使用信息管理系统（LIMS）时，应确保该系统满足所有相关要求，包括审核路径、数据安全和完整性等。实验室应对 LIMS 与相关认可要求的符合性和适宜性进行完整的确认，并保留确认记录；对 LIMS 的改进和维护应确保可以获得先前产生的记录。

8　管理体系要求

8.1　方式

8.1.1　如果实验室是某个机构的一部分，该机构的管理体系已覆盖了实验室的活动，实验室应将该组织管理体系中有关实验室的规定予以提炼和汇总，形成针对实验室管理体系的文件，并明确相关的支持性文件；如果针对实验室建立单独的管理体系，管理体系还应覆盖为支撑体系运作的所有相关部门，管理体系中有关实验室和相关支持部门工作职责的文件应由对实验室和相关部门承担管理职责的该组织的负责人批准。

8.1.3　如果实验室采用方式 B 建立和运行管理体系，实验室也应提供证据证明实验室活动的管理和运作满足 CNAS-CL01 中第 8.2 条款至第 8.9 条款中规定的管理体系要求。

8.4　记录控制（方式 A）

8.4.2　除特殊情况外，所有技术记录，包括检测、校准、抽样的原始记录，应至少保存 6 年。如果法律法规、CNAS 专业领域认可要求文件或客户规定了更长的保存期要求，则实验室应满足这些要求。人员或设备记录应随同人员工作期间或设备使用时限全程保留，在人员调离或设备停止使用后，人员或设备记录应至少再保存 6 年。

注：除非相关法规另有规定外，当实验室承担的检测或校准结果用于产品认证、行政许可等用途时，相关技术记录和报告副本的保存期应当考虑相关产品认证、行政许可证书规定的有效期。

8.7 纠正措施（方式A）

8.7.1 对于发现的不符合，实验室不应仅仅纠正发生的问题，还应进行全面、细致的分析，确定不符合是否为独立事件，是否还会再次发生，查找产生问题的根本原因，并启动纠正措施。

注：对于不符合，仅进行纠正、无需采取纠正措施的情况很少发生。比如在认可评审中，经常发现实验室未按CNAS规定的要求参加能力验证，仅是提供后续参加能力验证的证据，这种措施是不充分的。实验室应当全面分析未参加能力验证的根本原因，如资金不足、参与能力验证活动的计划不全面、缺乏对计划实施情况的有效监督等，从而采取有效的纠正措施。

8.8 内部审核（方式A）

8.8.2 a）实验室应基于风险管理思维，重点结合实验室规模、组织结构、实验室活动以及管理体系的具体情况进行内部审核策划。内部审核的策划应覆盖到实验室的全部固定场所以及在客户地点或在移动设施、临时设施、抽样地点开展的实验室活动。

注：实验室可结合自身实际情况采取滚动式或分段式审核等方式进行内部审核策划以确保实验室的全部场所和实验室活动在一个内部审核周期内被覆盖。

b）实验室内部审核依据应包括本文件及CNAS其他相关认可规范文件。

注：建议内部审核周期为12个月。CNAS-GL011《实验室和检验机构内部审核指南》为内部审核的实施提供了指南。

8.9 管理评审（方式A）

8.9.1 对规模较大的实验室，管理评审可以分级、分部门、分次进行。实验室应根据具体情况进行管理评审的策划，确保管理评审输入和输出的完整性。

注1：建议管理评审周期为12个月。CNAS-GL012《实验室和检验机构管理评审指南》为管理评审的实施提供了指南。

注2：对于集团式管理的实验室，通常每个地点均为单独的法人机构，对从属于同一法人的实验室应按本条款实施完整的管理评审。

参考文献

[1] 全国标准化原理与方法标准化技术委员会. GB/T 1.1 标准化工作导则 第1部分：标准化文件的结构和起草规则［S］. 北京：中国标准出版社，2020.

[2] 全国认证认可标准化技术委员会. GB/T 27000—2006 合格评定 词汇和通用原则［S］. 北京：中国标准出版社，2006.

[3] 全国认证认可标准化技术委员会. GB/T 27404—2008 实验室质量控制规范 食品理化检测［S］. 北京：中国标准出版社，2008.

[4] 全国认证认可标准化技术委员会实验室认可分技术委员会. GB/T 27417—2017 合格评定化学分析方法确认和验证指南［S］. 北京：中国标准出版社，2017.

[5] 全国质量监督重点产品检验方法标准化技术委员会. GB/T 32465—2015 化学分析方法验证确认和内部质量控制要求［S］. 北京：中国标准出版社，2015.

[6] 全国质量监督重点产品检验方法标准化技术委员会. GB/T 35656—2017 化学分析方法验证确认和内部质量控制实施指南 报告定性结果的方法［S］. 北京：中国标准出版社，2017.

[7] 全国统计方法应用标准化委员会. GB/T 4086.4 统计分布数值表 F 分布［S］. 北京：全国统计方法应用标准化技术委员会术语、符号和统计用表分委员会工作组，1983.

[8] 全国统计方法应用标准化技术委员会. GB/T 6379.2—2004 测量方法与结果的准确度（正确度与精密度）第2部分：确定标准测量方法重复性与再现性的基本方法［S］. 北京：中国标准出版社，2004.

[9] 全国统计方法应用标准化技术委员会. GB/T 6379.3—2012 测量方法与结果的准确度（正确度与精密度）第3部分：标准测量方法精密度的中间度量［S］. 北京：中国标准出版社，2013.

[10] 全国统计方法应用标准化技术委员会. GB/T 6379.4—2006 测量方法与结果准确度（正确度与准确度）第4部分：确定标准测量方法正确度的基本方法［S］. 北京：中国标准出版社，2007.

[11] 全国统计方法应用标准化技术委员会. GB/T 6379.5—2006 测量方法与结果准确度（正确度与准确度）第5部分：确定标准测量方法精密度的可替代方法［S］. 北京：中国标准出版社，2007.

[12] 全国统计方法应用标准化技术委员会. GB/T 6379.6—2009 测量方法与结果准确度（正确度与准确度）第6部分：准确度值的实际应用［S］. 北京：中国标准出版社，2009.

[13] 中国石油化工总公司石油化工科学研究院. GB/T 6683—1997 石油产品试验方法精密度数据确定法［S］. 北京：中国标准出版社，1997.

[14] 全国统计方法应用标准化技术委员会. GB/T 33260.1—2016 检出能力 第1部分：术语和定义［S］. 北京：中国标准出版社，2016.

[15] 全国统计方法应用标准化技术委员会. GB/T 33260.2—2018 检出能力 第 2 部分：线性校准情形检出限的确定方法 [S]. 北京：中国标准出版社，2018.

[16] 全国统计方法应用标准化技术委员会. GB/T 33260.3—2018 检出能力 第 3 部分：无校准数据情形响应变量临界值的确定方法 [S]. 北京：中国标准出版社，2018.

[17] 全国统计方法应用标准化技术委员会. GB/T 33260.5—2018 检出能力 第 5 部分：非线性校准情形检出限的确定方法 [S]. 北京：中国标准出版社，2018.

[18] 农业部种植业管理司. NY/T 2887—2016 农药产品质量分析方法确认指南 [S]. 北京：农业部农药检定所，2016.

[19] 傅金波，等. 绝缘层厚度与线芯直径测量偏离方法的比对 [J]. 现代测量与实验室管理，2006 (2)：ISO/IEC Guide 99：2007 International vocabulary of metrology—Basic and general concepts and associated terms (VIM).

[20] 国际标准化组织. ISO 9000—2000 质量管理体系——基础和术语 [S]. ISO，2000.

[21] 国际标准化组织. ISO GUIDE 30：1992/Amd 1 与标准物质相关的术语和定义 [S]. ISO，2008.